高职高专电子商务专业系列教材

移动电子商务基础

主　编　王　亮　李　岚
副主编　付金灵　周　伟
参　编　叶　潘

西安电子科技大学出版社

内 容 简 介

本书以项目为导向、任务为驱动，按照项目、任务的要求组织学习内容，以“任务情景—知识链接—实训项目”为内容框架，由浅入深地讲解移动电子商务的相关知识点和技能点。本书内容包括移动电子商务概述、移动电子商务技术、移动电子商务运营模式、移动电子商务营销、移动电子商务支付和移动电子商务安全六个部分。

本书案例典型，实践性强，内容翔实，结构清晰，图文并茂，集知识性与实践性于一体，强化知识和技能的学习，符合职业教育对技能型人才的培养要求。本书可作为高职高专院校电子商务专业及其他相关专业的教材，也可作为移动电子商务应用技能的培训教材以及移动电子商务爱好者的自学用书。

图书在版编目(CIP)数据

移动电子商务基础 / 王亮，李岚主编．—西安：西安电子科技大学出版社，2021.11
ISBN 978-7-5606-6226-8

Ⅰ．①移…　Ⅱ．①王…　②李…　Ⅲ．①移动电子商务—高等职业教育—教材
Ⅳ．①F713.36

中国版本图书馆 CIP 数据核字(2021)第 205662 号

策划编辑　陈　婷
责任编辑　赵晨旭　陈　婷
出版发行　西安电子科技大学出版社(西安市太白南路 2 号)
电　　话　(029)88202421　88201467　　邮　　编　710071
网　　址　www.xduph.com　　电子邮箱　xdupfxb001@163.com
经　　销　新华书店
印刷单位　陕西精工印务有限公司
版　　次　2021 年 11 月第 1 版　2021 年 11 月第 1 次印刷
开　　本　787 毫米×1092 毫米　1/16　　印　　张　10.5
字　　数　243 千字
印　　数　1～3000 册
定　　价　26.00 元
ISBN 978－7－5606－6226－8 / F
XDUP 6528001-1

前　言

移动电子商务是一种新型的电子商务方式，它与传统电子商务存在很大差异。移动电子商务与互联网技术、移动通信技术、短距离通信技术及其他信息处理技术的完美结合，可以使人们在任何时间、任何地点进行各种商务活动。当前移动电子商务的应用越来越广泛，形式也越来越多样，越来越多的人更热衷于通过移动电子终端进行购物、订票、娱乐、社交、学习等。

本书的编写特点如下：

1. 以项目为导向、任务为驱动

本书按照项目、任务的要求组织学习内容。每个项目精选 2 ~ 5 个任务，每个任务首先创设任务情景，然后通过知识链接对知识进行描述，最后通过项目实训，提升实践能力。本书充分体现理论先行、任务驱动、项目实训的教学思路，具有针对性强、通俗易懂、实践与理论紧密结合、实际操作性强的特点。

2. 案例典型，实践性强

本书的项目案例紧扣教材理论知识，项目任务以行业需求为导向，以技能培养为主线，解决实际问题，集知识性与实践性于一体，强化知识和技能学习，满足职业发展的要求。

3. 边学边练，简洁易懂

本书的每个任务有任务情景的导入、理论知识的呈现和详细步骤的实施，“有知识可学，有步骤可做”。初学者只要对照步骤进行操作练习，就可以快速掌握移动电子商务的主要技能。

本书由湖北职业技术学院的王亮、李岚担任主编，付金灵、周伟担任副主编，叶潘担任参编。具体编写分工为：周伟编写项目 1、项目 3，王亮编写项目 2，付金灵编写项目 4、项目 5，叶潘、王亮编写项目 6，由王亮、李岚负责统稿和审稿。在编写过程中，编者得到了许多专家、学者提供的专业建议，在此一并表示感谢。

由于编者水平有限，书中可能还存在不足之处，欢迎广大读者和专家批评指正。

编　者

2021 年 7 月

目　录

项目 1

移动电子商务概述

引导案例

电商创业已不是新鲜事儿，有关互联网创业的传奇故事很多。过去几年，移动互联网异军突起，使得互联网创业更加偏向于大众层面，创业变得更加简单和便捷。微信营销平台在各大高校成为大学生校园创业的新宠，随之而来的校园市场争夺大战一触即发。大学生许熠开了一家微信水果店“优鲜果妮”，其一个月收入数万元。为此，许熠被送绰号“水果哥”。

许熠是石家庄经济学院的一名大学生，他的创业灵感来源于为女友送早餐的偶然经历。“石家庄经济学院共有 1.7 万名学生，女生就有 6000 多名。”许熠强调：女生每天都要吃水果，如果按每个女生一个月 50 元的消费来估算，微信卖水果就大有赚头。微信在大学生中的普及让他看到了身边市场的潜力，而当时石家庄经济学院微信营销还是空白。

9 月 5 日，许熠免费申请的微信公众号“优鲜果妮”正式上线。但开业之初，“优鲜果妮”的生意并不好，有时等一天才有一笔几元的订单。

“微信营销增加粉丝关注是关键!”因此，许熠和他的同学开始了“扫楼”：他将印制的市场宣传单和广告册散发到学校的宿舍楼、食堂及教学楼；他还利用课间 10 分钟，将专业拍摄团队拍摄的“优鲜果妮”宣传短片逐个在每个教室放映；他甚至开出了“一个关注一块钱”的高价，发动同学朋友做宣传。针对平时订单数量较少的宿舍楼和教学楼，他们继续进行第二轮、第三轮宣传。在“扫楼”宣传的强大攻势下，开张 3 个月后，“优鲜果妮”的粉丝关注已达 4920 人，稳坐石家庄经济学院微信营销服务的第一把交椅。

许熠的“优鲜果妮”商品种类涵盖优质平价水果、精品高档水果、实惠水果拼盘和精品拼盘等，可满足不同人群对水果消费的需求；此外，他还重视客户的水果体验，创办了水果健康美容论坛，组织了户外水果采摘、水果情人节等活动，并根据消费者反馈及市场信息，及时对商品的品类及价格进行动态调整。

什么是移动电子商务？它包含哪些特点？本项目将带领大家一起了解移动电子商务。

任务1.1　移动电子商务的概念

任务情景

陈先生周末带家人去吃饭，他利用手机订餐APP选择了一家评价好、有特色又实惠的餐厅，同时领取了会员卡，再订位、点菜。然后，他利用手机的行车导航直接前往餐厅用餐。他还利用微信朋友圈与朋友分享美食，而餐厅还会给他返利或打折。这样他既吃到了好东西，又省了钱，一举两得。一家人吃完饭，又去附近商场购物，看到喜欢的商品，就用手机扫一下二维码，比比价，将心仪的商品放入网络购物车。逛完商场后，直接用手机在线付款，并在手机上选择送货时间和送货地址，不用自己拎回家，由商场送货上门。之后一家人去看电影，因为电影票在吃饭的时候已经用手机买好了，到电影院检票口，手机在闸机上一刷就可以进入影厅观看电影。

本任务将带领大家一起学习移动电子商务的有关基础知识。

知识链接

随着移动通信技术的发展与智能终端的普及和应用，移动互联网已深入人们的生活。近年来，移动互联网保持高速发展势态，并加速向社会各个领域渗透，这也加速推动电子商务由传统PC端向移动端发展。移动电子商务发展非常快，而且潜力巨大，已经成为一种重要的商业模式。总而言之，移动电子商务时代已经来临。

1.1.1　移动电子商务的含义

移动电子商务可以定义为：利用手机、PDA及掌上电脑等无线终端进行的B2B(Business to Business)、B2C(Business to Consumer)、C2C(Consumer to Consumer)或O2O(Online to Offline)的电子商务。它是Internet、移动通信技术、短距离通信技术及其他信息处理技术的完美结合的产物，使人们可以在任何时间及地点进行各种商贸活动，实现随时随地的线上线下购物以及各种交易活动、商务活动、金融活动和相关的综合服务活动等。

移动电子商务(M-Commerce)是由电子商务(E-Commerce)的概念衍生出来的。但从应用角度来看，移动电子商务是对有线电子商务的整合与发展，是电子商务发展的新形态。移动电子商务将传统的商务和已经发展起来但是分散的电子商务整合起来，将各种业务流程从有线向无线转移和完善，是一种新的突破。移动电子商务是对传统电子商务的有益补充，它具有商务活动即时、身份认证便利、信息传递实时、移动支付便捷等特点。随着无线通信技术的发展，智能移动终端性能不断提升，移动电子商务应用领域不断拓展与创新，由最基本的移动支付转向商务活动的各个环节。例如，用户可以直接利用移动设备进行网上身份认证、账单查询、互联网电子交易和无线医疗等。

移动商务作为一种新的商务模式，离不开移动终端的不断升级。移动终端是各种软硬件服务的主要载体。随着技术的发展，智能手机的功能越来越强大。我国智能手机用户迅速增多，使用手机上网的网民也逐年增加，庞大的手机用户群为我国移动电子商务的快速发展奠定了坚实基础。中国互联网信息中心（CNNIC）2021 年发布了第 48 次《中国互联网络发展状况统计报告》：截至 2021 年 6 月，我国网民规模为 10.11 亿，较 2020 年 12 月新增网民 2175 万，互联网普及率达 71.6%，较 2020 年 12 月提升 1.2 个百分点。我国手机网民规模为 10.07 亿，较 2020 年 12 月新增手机网民 2092 万，网民中使用手机上网的比例为 99.6%，与 2020 年 12 月基本持平，如图 1-1 所示。

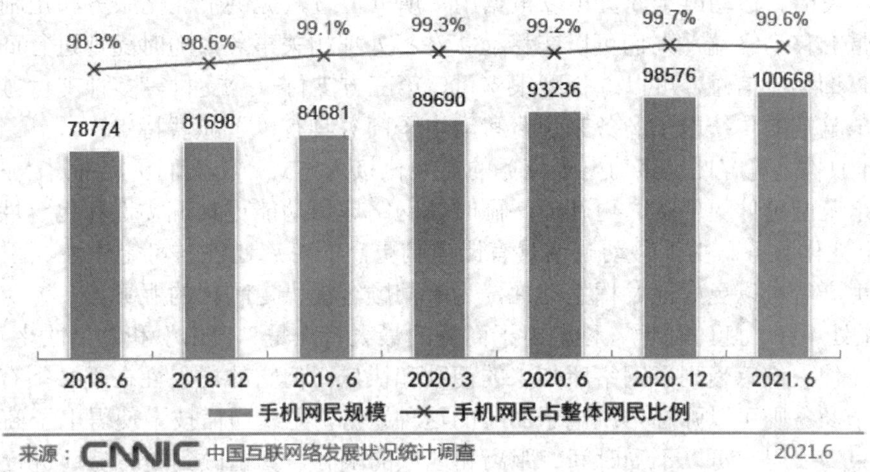

图 1-1　手机网民规模及其占网民比例(单位：万人)

随着手机网民的规模进一步增长，截至 2021 年 6 月，我国网络支付用户规模达 8.72 亿，较 2020 年 12 月增长 1787 万，占网民整体的 86.3%，如图 1-2 所示。

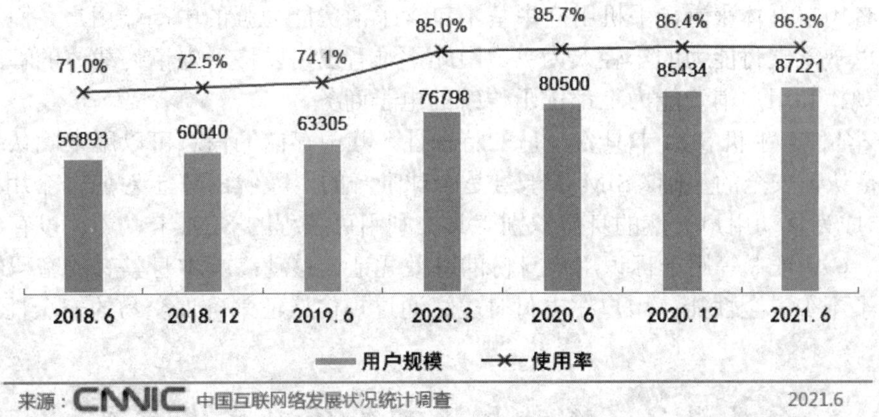

图 1-2　2018.6-2021.6 网络支付用户规模(单位：万人)及使用率

庞大的数字蕴藏了多少商机？给人们的生活、工作带来了多少便利？2004 年人们都在讨论设备在未来是朝什么方向发展，例如，相机有无线功能，PAD 可以上网、可与电脑同步，手机有应用管理、记事本等功能，最终这些功能都逐步汇集到手机的终端平台上，成为今天移动电子商务的行业基础。2008年，淘宝就开通了手机版淘宝网页，随后当当、卓越亚马逊、京东商城等网上商城先后开通了手机版网页，企业对消费者注意力的争夺已从传统的大屏幕向小屏幕转移，手机网民较传统互联网网民增幅更大，成为拉动中国总体网民规模攀升的主要动力，移动互联网展现出巨大的发展潜力。

1.1.2　移动电子商务的特点

移动电子商务是一种与传统电子商务存在较大差异的新型交易方式，其主要特点是方便、简单、灵活。移动电子商务可以根据用户所处位置，提供个性化服务和定制服务。通过随身携带的移动终端，人们可以在移动状态下处理相关事务，随时随地进行商务交易，可以随时查询物流信息，可以选择网银支付、第三方支付平台支付等多种支付方式。相比使用桌面电脑端的传统电子商务来说，移动电子商务具有以下显著特点：

(1) 开放性、包容性。移动电子商务的无线化接入方式，使人们更容易进入网络世界，从而使网络范围延伸更广阔、更开放，同时使网络虚拟功能更具现实性和包容性。

(2) 个性化服务。由于移动电话具有比电脑更高的可连通性与可定位性，因此移动电子商务的生产者可以更好地发挥主动性，为不同顾客提供定制化的服务。

(3) 无处不在、随时随地。移动电子商务的最大特点是“自由”和“个性化”。传统电子商务已经使人们感受到了网络所带来的便利和快乐，但它的局限性在于必须有线接入。而移动电子商务则可以弥补传统电子商务的这种缺憾，无线通信技术使得电子商务摆脱有线网络的束缚，用户可以不受时间、距离和地域的限制，真正做到随时随地进行商务活动以及获取所需服务、应用和娱乐。

(4) 易于推广使用。移动通信所具有的灵活性和便捷性等特点，决定了移动电子商务更适合大众化的消费领域。

(5) 潜在用户规模大。从电脑和移动电话的普及程度来看，移动电话远远超过了电脑。而从消费者用户群体来看，手机用户中基本包含了消费能力强的中高端用户，而传统的上网用户中以缺乏支付能力的年轻人为主。由此不难看出，以移动电话为载体的移动电子商务在用户规模和用户消费能力上都优于传统的电子商务。

(6) 安全性。手机SIM卡具备身份的特殊性，其中存储的信息可以用来确认手机用户身份，这是认证安全的基础。SIM卡卡号是全球唯一的，每个SIM卡对应一个用户，这使得SIM卡成为移动用户天然的身份识别工具。利用可编程的SIM卡，还可以存储用户的银行账号、CA证书等用于标识用户身份的有效凭证。移动终端本身具有的密码锁认证功能也增加了不少安全性能，用户在支付时也会通过短信认证来确保交易的安全性。

任务1.2　移动电子商务的形成与发展

任务情景

孙先生家每个月需缴纳水费、电费、燃气费，以前几乎每个月他都要到银行或者定点超市排队缴费，现在只需在家使用“支付宝”手机应用，就能够进行日常生活中的费用缴纳，这款 APP 不仅可以满足他的缴费需求，而且能够实现手机话费、公交卡充值等线下支付功能。孙先生感慨道，移动互联网的发展利国利民，移动电子商务的发展越来越快，其应用越来越广泛，形式也越来越多样，生活中移动电子商务无处不在。

本任务将带领大家一起学习移动电子商务的形成与发展等相关知识。

知识链接

移动电子商务的兴起并非偶然。移动通信技术的成熟和广泛商业化为移动电子商务提供了通信技术基础，而功能强大、价格便宜的移动通信终端的普及为移动电子商务提供了有力的发展条件。现代交通工具日益发达，市场竞争与经济全球化使得人员流动性不断增加，人们必然会对移动通信产生需求。移动电子商务的发展不但有利于充分发挥互联网的潜力，它还提供了许多新的服务内容。

1.2.1　移动电子商务的发展历程

随着无线网络技术、移动通信技术和计算机应用技术的不断发展，我国移动电子商务的发展已经经历了 4 代，现已经成为人们生活和工作中不可缺少的一部分，如图 1-3 所示。

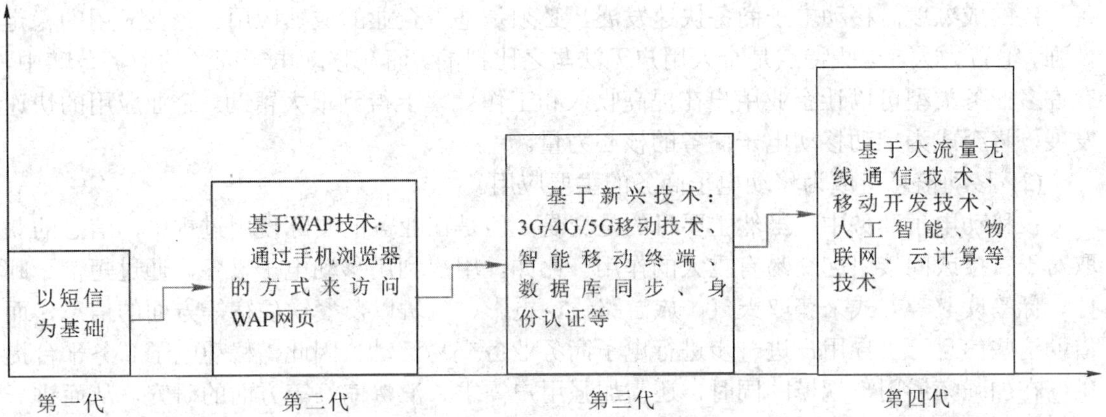

图 1-3　移动电子商务发展历程

第一代移动电子商务于 1997 年采用以短信为基础的访问技术，这种技术存在着许多缺陷，其中最严重的问题是实时性和安全性较差，查询请求不会立即得到回答，交易不受保护。此外，由于短信信息长度的限制，使得一些查询无法得到一个完整的答案。第一代移动电子商务系统的基础应用包括来访信息查询、通信簿功能、短信功能、抽奖功能以及留言功能。

第二代移动电子商务采用无线应用协议(WAP，Wireless Application Protocol)技术，主要通过使用手机浏览器的方式来访问 WAP 网页，查询信息，解决了第一代移动访问技术的部分问题。第二代移动访问技术的缺陷主要表现在 WAP 网页访问的交互能力极差及存在安全风险等问题，极大地限制了移动电子商务系统的灵活性和方便性。第二代移动电子商务的基础应用包括展示功能、陈列功能、导购功能、移动办公功能、营销功能、支付功能及掌上娱乐。

第三代移动电子商务系统采用了基于面向服务架构(SOA，Service-Oriented Architecture)的网络服务(Web Service)、智能移动终端和移动虚拟专用网络(VPN，Virtual Private Network)技术相结合的第三代移动访问技术和处理技术，使得系统的安全性和交互能力有了极大的提高。第三代移动电子商务系统同时融合了 3G/4G/5G 移动技术、智能移动终端、VPN、数据库同步、身份认证及 Web Service 等多种移动通信、信息处理和计算机网络的最新前沿技术，以专网和无线通信技术为依托，为电子商务人员提供了一种安全、快速的现代化移动商务办公机制。

第四代移动电子商务是基于大流量无线通信技术、移动开发技术、人工智能、云计算及物联网等技术，形成大数据决策支持的新移动商务时代。当前，我们正处于第三代移动电子商务向新一代移动电子商务过渡时期。

1.2.2 移动电子商务的发展趋势

凭借便捷性、移动性、开放性、个性化等特点，移动电子商务成为我国转变经济发展方式的重要推动力量。未来几年，我国的移动电子商务将呈现以下几种趋势：

(1) 企业应用将成为移动电子商务的中心和热点。

移动电子商务在我国既有广泛的应用空间，又有庞大的用户群体，相关技术也已经具备一定的成熟度。移动电子商务快速发展，必须是基于企业的成熟应用。企业应用的稳定性强、消费力大，这些特点是个人用户无法与之比拟的。而在移动电子商务的业务范畴中，有许多业务类型可以让企业用户在提高收入和工作效率上得到很大帮助。企业应用的快速发展，将会成为推动移动电子商务的核心力量。

(2) 移动信息将成为移动电子商务的主要应用。

在移动电子商务中，虽然主要目的是交易，但是在业务的实际使用过程中，信息的获取对于直接或间接引起交易有重大的作用。比如，用户利用移动电子设备，通过短信、邮件、标签读取等方式来获取天气、旅游路线、电影、航班以及餐饮住宿等方面的信息，而借助这些信息可引导用户进一步进行电子商务业务交易活动。因此，移动电子商务平台提供商在加强拓展用户规模的同时，还需加强用户需求、消费偏好等方面的研究，从而进一步开拓市场，为用户提供个性化服务，实现精准营销。因此，获取信息将成为各大移动电子商务服务商初期重点考虑的问题。

(3) 移动终端的机会越来越多。

随着终端技术的发展，终端的功能越来越多，而且人性化设计方面也越来越全面。比如显示屏较过去有了很大的进步，而一些网上交易涉及商品图片信息的，可以实现更加接近传统 PC 互联网上的界面显示；又如，智能手机终端的逐渐普及，可随时随地开展移动电子商务业务，使移动电子商务变得更加便利。

(4) 技术对移动电子商务应用的支撑越来越强。

未来，大数据、5G、人工智能、物联网等技术对移动电子商务应用的支撑会越来越强，具体表现在以下几方面：

① 智能终端技术。高性能、低价格的智能终端将会促进移动应用功能的不断增强，

进一步扩大用户群。此外，移动终端平台开发技术的成熟将会促进移动商务平台和各业务服务商之间的合作，从而推动移动电子商务的进一步发展。

② 移动电子商务安全技术。安全性是移动电子商务发展的瓶颈。在开展移动电子商务的过程中，存在着消费者信息泄露、恶意程序攻击等不安全因素，因此，移动电子商务安全技术的升级是推动移动商务发展的关键因素。

③ 第五代移动通信技术。当前，5G 正朝着网络多元化、宽带化、综合化、智能化的方向发展。凭借超高的可靠性、超低时延的性能，5G 将和云计算、大数据、人工智能、虚拟增强现实等技术深度融合，连接人和万物，成为我国各行业移动电子商务发展的关键技术，从线上到线下、从平台到生态系统，推动我国移动电子商务迈上新台阶。

④ 大数据技术。随着大数据技术的不断更迭，企业可以实时掌握供应链数据，实现企业对商品开发、供应链体系、信息系统、物流配送等移动电子商务所涉及的各个环节的无缝衔接。大数据技术将成为促进移动电子商务快速发展的重要推动力。

⑤ 用户体验越来越智能化。智能手机、移动互联网的广泛应用给移动电子商务的发展提供了必要的硬件条件，人工智能及虚拟现实等技术进一步提升了用户的购物体验。以手机为中心的智能设备成为“万物互联”的基础，车联网、智能家电促进“住行”体验的升级，构筑了个性化、智能化的应用场景。非现金支付方式促进了无人零售业务的快速发展，自动售货机、无人货架、智能货柜等智能终端让用户的移动电子商务体验更加智能化。

对于移动电子商务来说，便捷是其发展的最大特点，在未来的发展中，仍然会坚持这一理念，给消费者带来更加便捷的服务。目前，移动电子商务虽然在购物的环节实现了便捷性，消费者可以直接通过移动终端完成支付，但是在货物的运输环节仍然存在一些问题，货物要经过很长的时间才能到达消费者的手中，没有体现出移动电子商务的便捷性。因此，在这一环节中还有很多问题需要解决。

任务1.3　移动电子商务的应用

任务情景

“以前去柜台转账，动辄要排队一两个小时，很耽误事儿，没想到用手机银行办理，手指动几下，几秒钟就完成了。”上个月市民孙先生在办理一笔异地跨行转账时，经同事推荐尝试了手机银行，不仅方便快捷，还省下了一笔手续费。

有了这次体验，除了存取款，孙先生基本没有再去银行柜台办理过业务。“和网银比起来，手机银行可以随时随地使用。”与孙先生经历相似，越来越多的人开始选择手机银行作为其首选支付方式。

本任务将带领大家一起学习移动电子商务应用的有关知识。

知识链接

移动电子商务的应用范围非常广，它不仅可以提供电子购物环境，还可提供一种全新的销售和信息发布渠道。目前，移动电子商务主要提供的服务如图 1-4 所示，其中比较典型的主要有移动社交、移动学习、移动娱乐、移动旅游、移动支付、移动购物等服务。

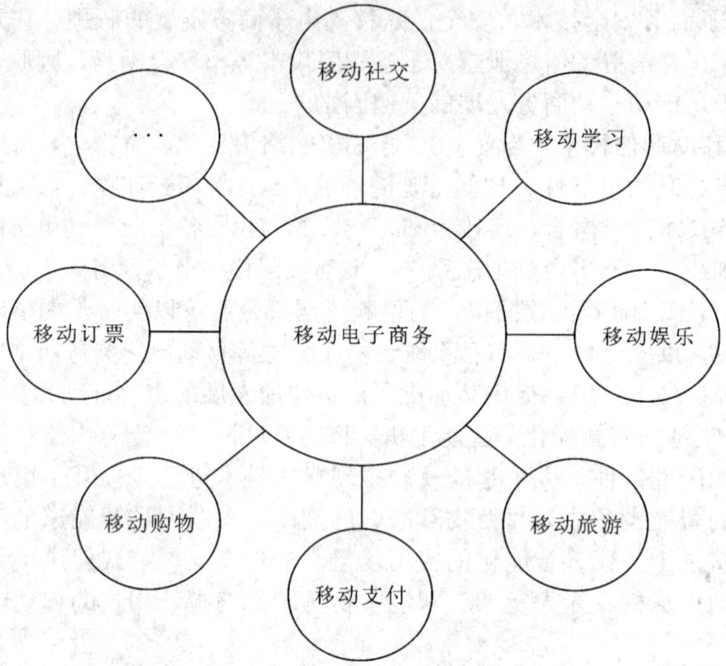

图 1-4　移动电子商务的应用

1.3.1　移动社交

移动社交是指用户以手机、平板等移动终端为载体，以在线识别用户及交换信息技术为基础，按照流量计费，通过移动网络来实现的社交应用功能。移动社交不包括打电话、发短信等通信业务。与传统的 PC 端社交相比，移动社交具有人机交互、实时场景等特点，能够让用户随时随地地创造并分享内容，让网络最大限度地服务于个人的现实生活。常见的移动社交 APP 有微信、QQ、陌陌等，如图 1-5 所示。

(a) 微信　　(b) QQ　　(c) 陌陌

图 1-5　常见移动社交 APP

1.3.2　移动学习

移动学习是指在移动设备的帮助下，能够在任何时间、任何地点进行学习。移动学习所使用的移动设备必须能有效地呈现学习内容，并且提供学习者之间的双向交流。移动学习采用微博、微信、微课和教学视频等形式开展碎片化学习，实现了 MOOC、学堂在线、翻转课堂等移动互联网时代的学习创新。使用手机就可以方便地进行课程学习。图 1-6 所示为某移动学习 APP 的手机界面。

图 1-6　移动学习 APP

1.3.3　移动娱乐

移动娱乐就是传统娱乐方式在手机、平板电脑及掌上电脑(PDA)等移动通信终端上的应用。随着 4G 和 5G 的普及，宽带传输、手持终端和移动视频等新技术得到进一步扩展，娱乐创新的表现形式也越来越丰富多彩。移动娱乐业务以移动游戏为代表，同时也包括移动视频、移动在线音乐、手机直播、移动阅读等。截至 2020 年 12 月，短视频用户规模达 8.73 亿人次。以斗鱼、虎牙等直播平台为代表的移动娱乐的优势将继续扩大。使用手机可以随时随地地进行游戏及听音乐等娱乐，如图 1-7 所示。

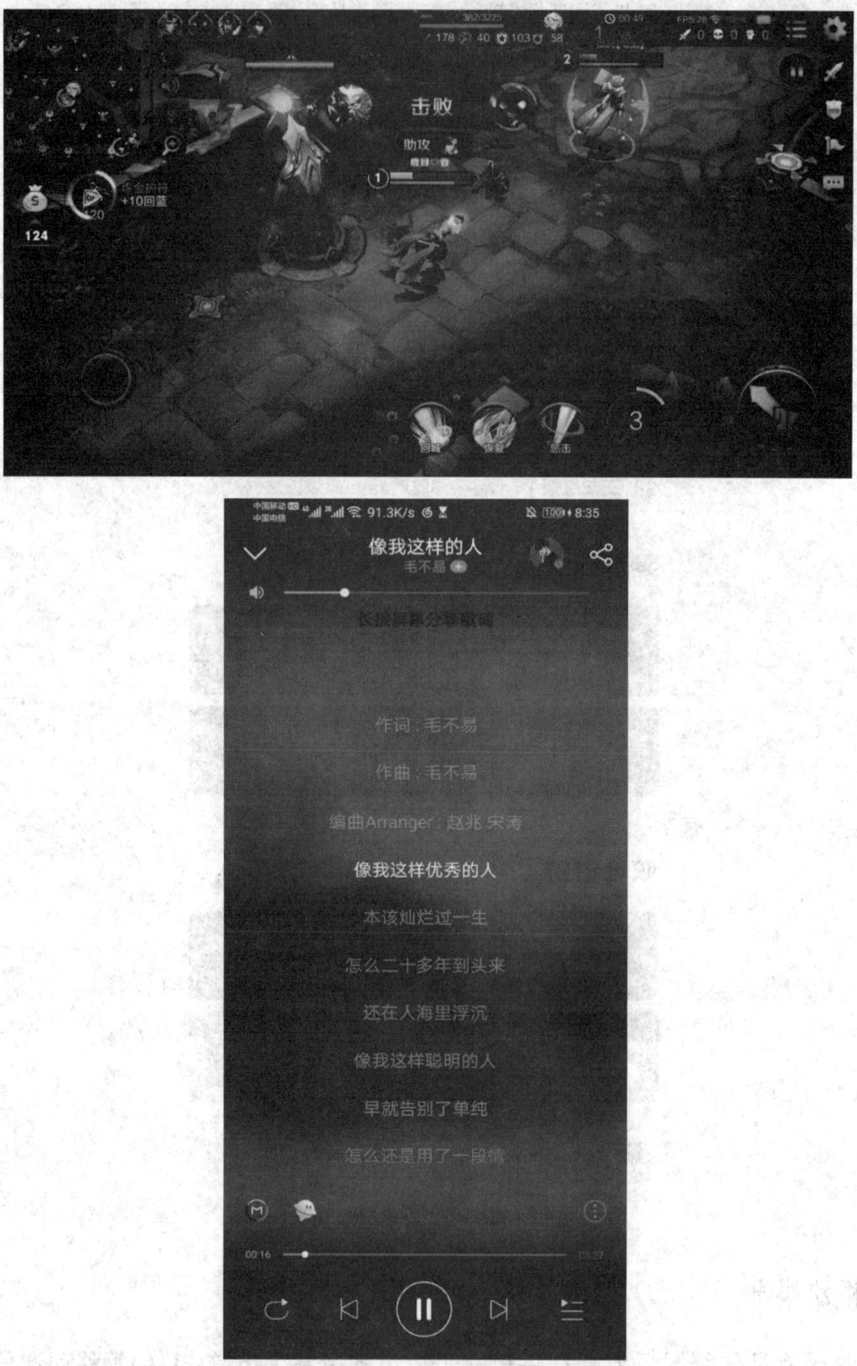

图 1-7　移动娱乐

1.3.4　移动旅游

移动旅游是指旅游服务产品消费者利用移动终端设备，通过无线网络，采用某种支付手段来完成和移动旅游提供者的交易活动。借助旅游 APP，用户可以利用碎片化时间在移动终端定制自己的旅游计划，大大降低了时间成本，提高了效率。携程、去哪儿等 APP 以及旅游社交和游记类等 APP 都已成为用户旅游出行必备的移动应用服务软件，该类软件功能具体可以概述为四个方面，即旅游信息服务、旅游服务的查询和预定、旅游电子商务网站的个性化服务、为旅游爱好者提供自主性交流的平台，如图 1-8 所示。

图 1-8 移动旅游

实训项目 1 体验移动电子商务——京东 APP

实训目标

(1) 通过京东手机购物 APP，了解移动商务网点的基本购物流程和注意事项。

(2) 掌握移动电子商务手机购物及支付的方法。

(3) 体验移动电子商务的基本应用。

［实训环境］

采用 Android 或 iOS 智能手机，需要开通 4G/5G 网络或连接 WiFi。

实训背景知识

随着上网速度更快的 4G/5G 网络的推出及无缝覆盖，手机购物逐渐普及并深受人们的青睐。手机购物让消费者可以随时随地、轻松便捷地利用电子商务满足自身的消费需求。手机购物蕴含的巨大潜力，足以成为电子商务的另一个杀手级应用。其中，京东手机购物APP主要通过京东手机客户端完成，其依托京东网强大的自身优势，为用户提供实时更新的购物信息，同时具备搜索比价、收藏、购买、订单查询、导航和管理等功能，为用户带来便捷的手机购物新体验。京东手机购物流程如图 1-9 所示。

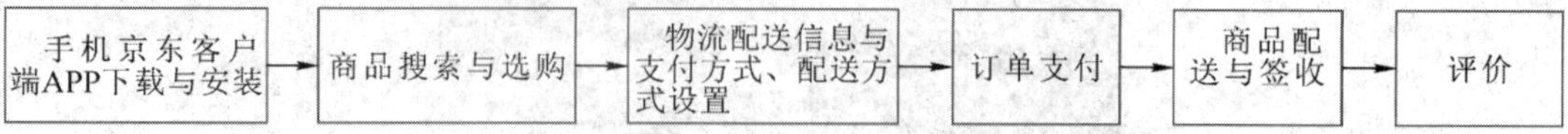

图 1-9　京东手机购物流程

实训内容

1. 手机京东客户端 APP 的下载与安装

(1) 打开手机上的“应用市场”，输入“京东”，点击“搜索”，如图 1-10 所示。单击图 1-10 中的“安装”，下载手机京东客户端 APP，如图 1-11 所示。软件下载完成后在手机上安装，安装完成后在手机应用中将出现“京东”应用，如图 1-12 所示。

图 1-10　搜索“京东”下载页面

图 1-11　手机京东下载页面

图 1-12　手机京东应用

(2) 打开“京东”，界面如图 1-13 所示。

图 1-13　手机京东客户端首页

2. 商品搜索与选购

(1) 商品搜索。手机京东为方便用户购物提供了商品分类、快速搜索等强大功能。在商品分类中找到感兴趣的商品栏目，例如“图书”，单击进入，然后在页面最上面的搜索栏输入拟购商品，例如“四大名著全套原著版”，单击“搜索”按钮，如图 1-14 所示。

图 1-14　在商品分类中搜索预购商品

(2) 商品选择。在搜索到的产品中选择中意的商品，通过单击商品图片可以进入下一个页面查看商品详细信息，如图 1-15 所示。向下翻屏可查看用户对商品的评价或已购买者的提问及回答，也可在线提问商家，在此处可以找到一些大众关心的话题及问题，还可以看到商品的详细信息，如商品介绍、出版信息等信息。

若对此款商品感兴趣，可以单击“收藏”；若选定购买，则选定拟购买商品后，单击“加入购物车”或“立即购买”。对于手机京东，只要用户处于登录状态，“购物车”便会一直保存用户的商品信息，直到用户清空购物车为止，无需担心购物车中商品丢失。

(3) 订单确认。若选购好了商品，用户可以通过查看购物车来修改其中的商品数量，或删除不需要购买的商品，然后单击“去结算”，如图 1-16 所示。

图 1-15　查看商品详细信息

图 1-16　商品加入购物车

3. 物流配送信息与支付方式、配送方式设置

(1) 物流配送信息设置。为确保用户所购买的商品能及时送到收货人手中，用户首先需要正确填写订单，包括收货人、电话、收货地区、详细地址等信息，如图 1-17 所示。

(2) 支付方式、配送方式设置。支付方式包括在线支付、货到付款和公司转账。在线支付方式包括打白条、银行卡支付、微信支付等，同时还可以填写发票信息。配送方式有京东快递和无接触配送(上门自提)两种，同时还应选择配送时间，如图 1-18 所示。

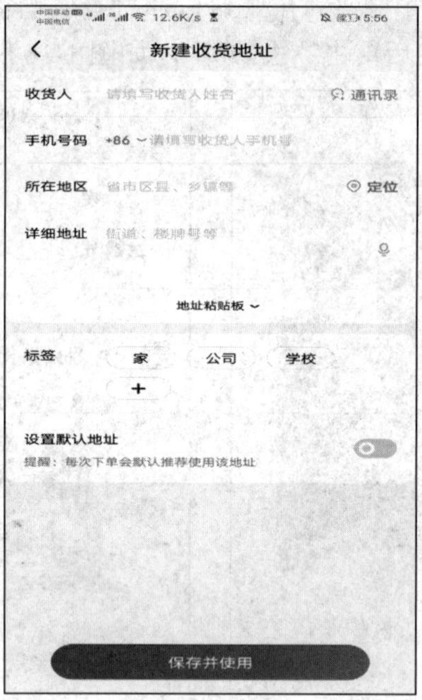

图 1-17　商品物流配置信息

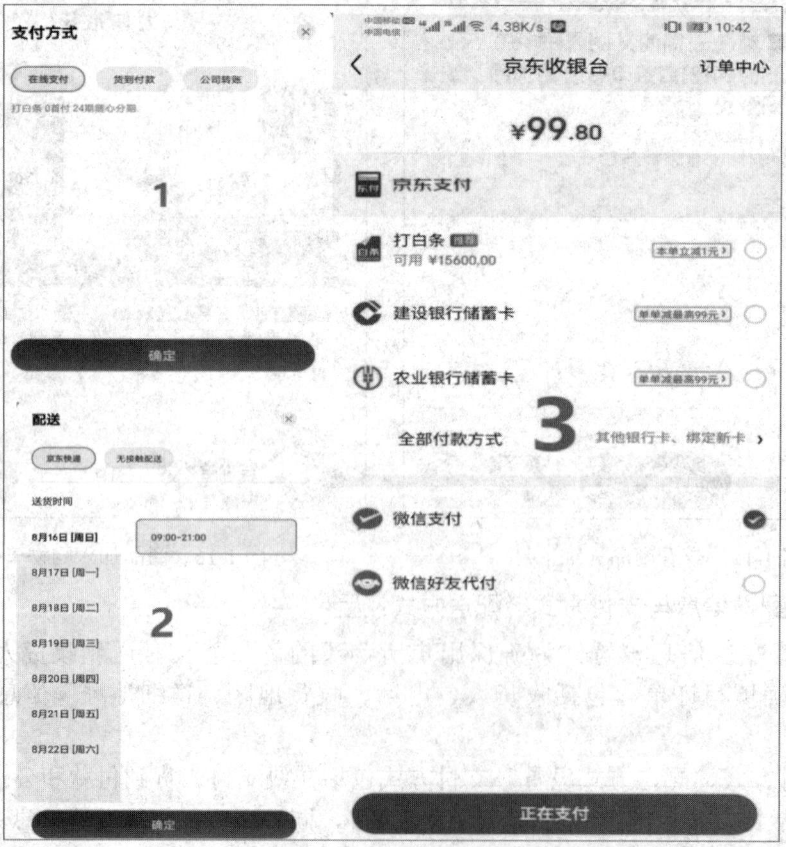

图 1-18　商品支付方式、配送方式设置

4. 订单支付

支付方式选择完成后，确认付款，即完成支付，用户只需等待发货即可。

5. 商品配送与签收

(1) 商品配送。用户支付成功后，将进入物流配送环节，用户可以随时登录京东客户端，在首页右下角单击“我的”，查看订单配送环节及其他详情，如图 1-19 所示。

图 1-19　查看订单

(2) 商品签收。当用户收到配送送达的商品后，应按照以下步骤进行签收：

① 检查商品的外包装是否完好，包括封条是否完整、包装是否完好、有无拆封痕迹、有无进水痕迹等，若发现商品外包装不完整，应当场拒收。

② 若商品外包装无异常，则打开包装检查包装内商品是否完好、商品单据信息是否与实物一致、发票是否齐全等。若发现有异常，应拒收货物，并联系商品客服反馈信息；若发现无异常可签收。

6. 评价

当签收的商品未发现异常时，可对商品、物流服务进行评价，如图 1-20 所示。

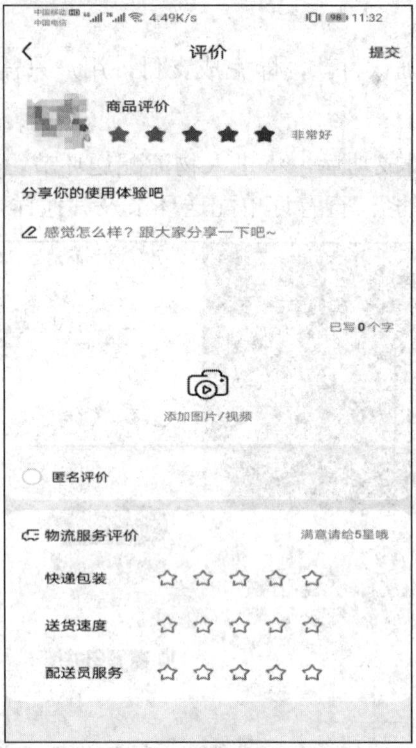

图 1-20　评价

项 目 小 结

➢ 本项目首先介绍了移动电子商务的概念及特点，分析了移动电子商务的发展历程和趋势，接着介绍了移动电子商务的应用，最后通过实例体验了移动电子商务的实际应用。

➢ 移动电子商务是利用手机、平板电脑及掌上电脑等无线终端进行的 B2B、B2C、C2C 或 O2O 的电子商务。

➢ 移动电子商务具有开放性、包容性、个性化服务、不受时空限制、易于推广使用、用户规模大、使用安全等特点。

➢ 移动电子商务的发展经历了四代，其中第一代移动电子商务是以短信为基础的访问技术；第二代移动商务系统采用无线应用协议(WAP)技术，手机主要通过浏览器的方式来访问 WAP 网页，以实现信息的查询；第三代移动电子商务系统采用了基于 SOA 架构的网络服务、智能移动终端和 VPN 技术相结合的移动访问技术和处理技术；第四代移动电子商务是基于大流量无线通信技术、移动开发技术，与人工智能、云计算、物联网等技术相结合，形成的基于大数据决策支持的新移动电子商务。

➢ 移动电子商务未来发展的新趋势主要表现在用户对移动电子商务的黏性进一步增强，企业应用移动电子商务的范围越来越广，技术对移动电子商务应用的支撑越来越强，用户体验越来越智能化等方面。

➢ 移动电子商务的应用包括移动社交、移动学习、移动娱乐、移动旅游等。

项目 2

移动电子商务技术

引导案例

2016 年 12 月 5 日，亚马逊推出革命性的线下实体商店——Amazon Go，如图 2-1 所示。当顾客进入 Amazon Go 时，运用“Just Walk Out”技术，扫描顾客的手机，随后使用摄像头和其他传感器追踪他们在店内的购物路径，自动甄别顾客是将商品放回货架上，还是取走。顾客从货架上取下商品时，Amazon Go 的技术会更新顾客的虚拟购物车清单。在顾客完成购物后，系统会将购物清单发送至顾客的 Amazon 账户中，包括各种商品的价格和信息，并通过 Amazon Go 的 APP 与顾客完成结算。

图 2-1　Amazon Go 实体店

Amazon Go 颠覆了传统便利店、超市的运营模式，顾客通过 APP 扫码进店后，在店内随意拿商品，离店后自动扣款，彻底跳过传统收银结账的过程。

本项目将带领大家一起了解到底是什么技术实现了这样的购物模式，支持移动电子商务的基础技术有哪些。

任务 2.1　移动通信技术

任务情景

小王正在外地出差，准备去找客户洽谈业务，突然在路途上接到客户电话，客户提出了修改策划方案的几点要求，需要尽快回复。这时小王马上通过手机与经理进行视频会议，在短时间内按照经理的指示，将修改好的策划方案及时发到了客户的邮箱。

小王事后感慨道，通过手机就能随时随地进行视频会议，发送邮件，出门在外办公真是方便。

本任务将带领大家一起学习移动通信技术的有关知识。

知识链接

随着科技的发展，移动通信技术给人们的生活带来了深远影响。例如，通过手机，我们可以随时随地与人联系，可以导航，可以在线看电影、玩网游，可以网上购物等等。据 GSMA 移动智库(GSMA Intelligence)发布的实时数据显示，2017 年全球移动产业的已注册的移动用户达 50 亿，全球超过三分之二的人口已连接移动服务。而移动电子商务是在移动通信的基础上所进行的商务活动。

2.1.1　移动通信技术的基本概念

移动通信(Mobile Communications)是指通信双方至少有一方处于移动状态下(或临时停留在某一非预定的位置上)的通信方式。例如，移动体(汽车、火车、船舶、飞机)与固定点之间、移动体与移动体之间、移动用户与固定用户之间的通信。换而言之，移动通信主要解决因为人或物移动而产生“动中通”的问题。2009 年柏林世锦赛上，博尔特在男子 100 米比赛中的以 9 秒 58 的成绩夺冠，相当于 37.578 km/h，如图 2-2 所示。而未来 5G 移动通信可以支持 500 km/h 的移动速度。

图 2-2　百米赛跑冲刺瞬间

随着移动通信应用范围的扩大，移动通信的类型也越来越多，其分类方法也多种多样。

按照工作方式可分为单工通信、双工通信和半双工通信。

(1) 按照多址方式可分为频分多址(FDMA，Frequency Division Multiple Access)、时分多址(TDMA，Time Division Multiple Access)和码分多址(CDMA，Code Division Multiple Access)。

(2) 按照信号形式可分为模拟网和数字网。

(3) 按使用对象可分为民用设备和军用设备。

(4) 按使用环境可分为陆地通信、海上通信和空中通信。

(5) 按覆盖范围可分为广域网和局域网。

(6) 按业务类型可分为电话网、数据网和综合业务网。

(7) 按服务范围可分为专用网和公用网。

(8) 按照接入方式可分为频分双工(FDD，Frequency Division Dual)和时分双工(TDD，Time Division Dual)。

2.1.2　移动通信系统的组成

移动通信包括无线传输、有线传输和信息的收集、处理和存储等，使用的主要设备有无线收发信机、移动交换控制设备和移动终端设备。移动通信无线服务区由许多正六边形小区覆盖而成，呈蜂窝状，通过接口与公众通信网(PSTN，Public Switched Telephone Network、ISDN，Integrated Services Digital Network、PDN，Public Data Network)互联。移动通信系统包括移动交换子系统(SS，Switching System)、操作维护管理子系统(OMS，Operation Maintenance Subsystem)、基站子系统(BSS，Base Station System)和移动台(MS，Mobile Station)，是一个完整的信息传输实体，如图 2-3 所示。

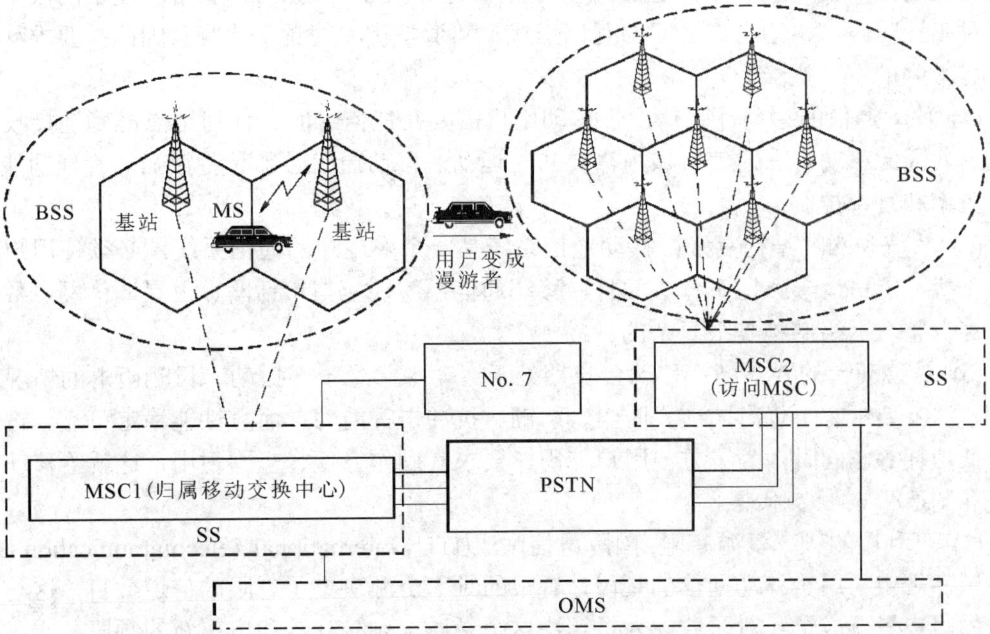

图 2-3　移动通信系统

移动通信中建立一个呼叫是由 BSS 和 SS 共同完成的；BSS 提供并管理 MS 和 SS 之间的无线传输通道，SS 负责呼叫控制功能，所有的呼叫都是由 SS 建立连接的；OMS 负责管理控制整个移动网。

MS 也是一个子系统。它实际上是由移动终端设备和用户数据两部分组成的，移动终端设备称为移动设备；用户数据存放在一个与移动设备可分离的数据模块中，此数据模块称为用户识别卡(SIM，Subscriber Identification Module)。

2.1.3 移动通信的特点

移动通信具有以下 8 个特点：

(1) 移动通信必须利用无线电波进行信息传输：由于在通信中至少有一方处于运动状态，因此只能通过无线电波进行联络，移动通信也称为移动无线电通信。

(2) 电波传播条件复杂：由于电波受到城市高大建筑物的阻挡等原因，移动台接收到的是多径信号，即同一信号通过各种途径到达接收天线。这种信号的幅度会发生快速和剧烈的变化，称为快衰落。因此，当出现严重的快衰落现象，而移动台又处于高速运动中的时候，就会加快快衰落现象，其衰落深度可达 30 dB 左右。此时，就要求移动台具有良好的抗衰落的技术指标。另外，移动通信是在运动过程中进行的，移动台之间会出现近处移动台干扰远处移动台的现象，称为远近效应。因此，一般要求移动台的发射功率具有自动调节的能力，同时移动台的接收机需要具有自动增益控制的能力，当通信距离迅速改变时能自动进行信号调整。

(3) 噪声和干扰严重：移动台通信环境变化是很大的，经常处于强干扰区。例如，移动台附近的发射机可能对正在通信的移动台形成强干扰。又如，在城市环境中的汽车火花及各种工业噪声，移动用户之间的互调干扰、邻道干扰和同频干扰等。因此，要求移动通信具备很强的抗干扰能力。

(4) 移动通信的移动性强：由于移动用户需要在任何时间、任何地点准确地接收可靠的信息，因此移动台在通信区域内需要随时运动。移动通信必须具备很强的管理功能，以进行频率和功率控制。

(5) 系统和网络结构复杂：移动通信系统是一个多用户的通信系统，必须使用户之间互不干扰，能协调一致地工作。此外，移动通信系统还应与市话网、卫星通信网、数据网等互连，整个网络结构是很复杂的。

(6) 对移动台的要求高：移动台长期处于运动中，尘土、振动、日晒雨淋的情况时常遇到，这就要求它不仅有防震、防尘、防潮、抗冲击等能力，而且性能稳定可靠、携带方便、低功耗等。同时，为了方便用户使用，要求其操作方便、坚固耐用，这就给移动台的设计和制造带来很多困难。

(7) 可利用的频率资源有限：国际电信联盟(ITU，International Telecommunication Union)和各国都规定了用于移动通信的频段，有限的频率资源决定了有限的信道数目，这与日益增长的用户量形成了一对矛盾。为了解决这个矛盾，只能开辟和启用新的频段，或在已有频段中采取有效利用频率的措施，如采用压缩频带、频道重复利用等方法来解决。

(8) 多普勒效应：运动中的移动台所接收的信号频率将随运动速度而变化，产生不同的频移，称为“多普勒效应”，从而造成接收点的信号场强不断变化，其变化范围可达 20～30 dB。

2.1.4 移动通信技术的发展历程

移动通信技术发展经历了 1G、2G、2.5G、3G、4G 和 5G 等几个阶段，如表 2-1 所示。

表 2-1　移动通信技术主要发展阶段

移动通信技术	主要制式	最高数据传输速率	主要应用
1G	AMPS/NMT/TACS	—	语音
2G	GSM/TDMA/CDMA	9.6 kb/s	语音、短信
2.5G	GPRS	115 kb/s	通信、娱乐
3G	CDMA2000/WCDMA/TD-SCDMA	2 Mb/s	通信、娱乐、商务
4G	TD-LTE/FDD-LTE	100 Mb/s	通信、娱乐、商务
5G	NSA/SA	20 Gb/s	通信、娱乐、商务

1. 1G

1978 年，美国贝尔实验室成功研制出高级移动电话系统(AMPS，Advanced Mobile Phone System)，建成了蜂窝移动通信，又称为国际标准 IS-88。这个标准的推出受到了用户们的普遍欢迎，用户量大增，随后许多国家纷纷推出类似的系统，如英国总接入通信系统(TACS，Total Access Communications System)。现在所指的 1G 就是 AMPS。第一代移动通信系统最重要的特点体现在移动性，这是以往其他任何通信方式和系统都不可替代的，从而结束了在无线通信发展史中时常被其他通信手段替代而处于辅助地位的历史。

第一代移动通信系统(1G)是指最初的模拟、仅限语音的蜂窝电话标准，制定于 20 世纪 80 年代，主要采用的是模拟技术和频分多址(FDMA)技术。模拟蜂窝系统存在容量有限，保密性差，信号不稳定，不能提供漫游，不能提供数据业务等弊端，现已逐步淡出各国市场。第一代移动通信技术典型应用于我国 20 世纪 90 年代前后风靡一时的“大哥大”，如图 2-4 所示。

图 2-4　“大哥大”手提电话

2. 2G

为了满足人们对传输质量、系统容量和覆盖面的需求，第二代移动通信技术(2G)随之产生。第二代移动通信系统起源于 20 世纪 90 年代初期，它替代第一代移动通信系统完成了模拟技术向数字技术的转变。第二代移动通信系统主要有欧洲的全球移动通信系统

(GSM，Global System for Mobile Communication)和美国的数字高级移动电话系统 DAMPS 或 TDMA、CDMA 技术等。

GSM 是目前使用最普遍的一种标准，它使用 900 MHz 和 1800 MHz 两个频带。GSM 采用数字传输技术和用户识别模块(SIM)技术鉴别用户，通过对数据加密来防止偷听。GSM 传输使用 TDMA 和 CDMA 技术来增加网络中信息的传输量，它不能实现全球无缝漫游。GSM 系统主要由移动台(MS)、无线基站子系统(BSS)、网络交换子系统(NSS，Network Switching Subsystem)和操作支持子系统(OSS，Operation Support System)组成，其系统结构图如图 2-5 所示。

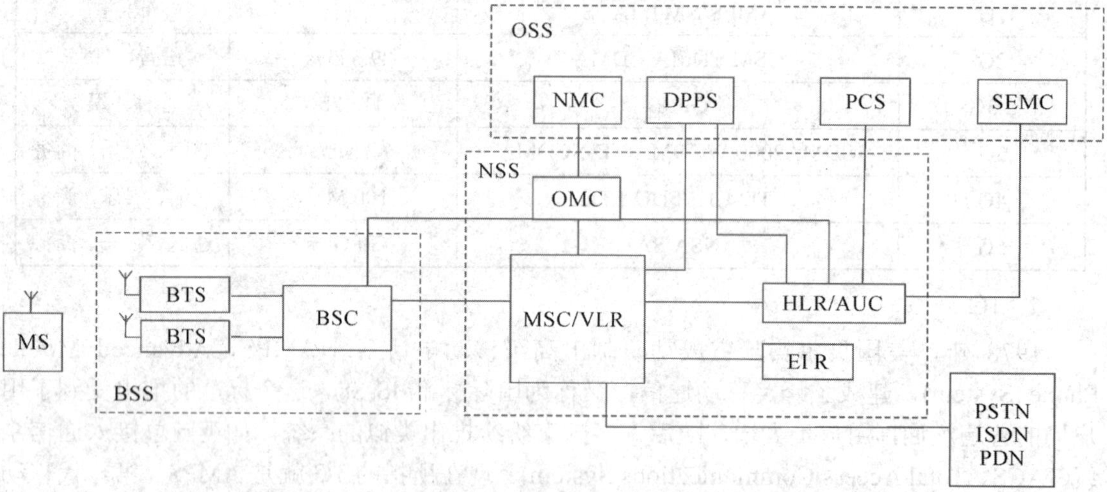

图 2-5　GSM 系统结构

移动台(MS)是 GSM 移动通信网中用户使用的设备，也是用户能够直接接触的 GSM 系统中的唯一设备。移动台有三种类型：车载台、便携台和手机。移动台由移动台物理设备和用户身份识别卡 SIM 两部分组成。移动台物理设备具有无线传输与处理功能，提供与使用者之间以及其他终端设备的接口。SIM 卡存储有用户身份认证所需的信息，并能执行一些与安全保密有关的信息。移动物理设备只有插入 SIM 卡后才能进网使用。

无线基站子系统(BSS)是系统中与无线蜂窝方面关系最直接的基本组成部分，在一定的无线区域中由移动交换中心(MSC，Mobile Switching Center)控制，与 MS 进行通信的系统设备，完成无线发送、接收与无线资源管理等功能。无线基站子系统由基站控制器(BSC，Base Station Controller)和基站收发信机(BTS，Base Transceiver Station)组成。BSC 具有对一个或多个 BTS 进行控制的功能，主要负责无线网络资源的管理、小区配置数据管理、功率控制、定位和切换等，是一个很强的业务控制点。BTS 是基站子系统的无线部分，由 BSC 控制，主要负责无线传输，具有完成无线与有线的转换、无线分集、无线信道加密、跳频等功能。

网络交换子系统(NSS)由移动交换中心(MSC)、归属位置寄存器(HLR，Home Location Register)、拜访位置寄存器(VLR，Visitor Location Register)、认证(鉴权)中心(AUC，Authentication Center)、设备标志寄存器(EIR，Equipment Identity Register)和操作与维护中心(OMC，Operation and Maintenance Center))组成。移动交换中心(MSC)是 GSM 系统的核心，是对它所覆盖区域中的移动台进行控制和完成话路交换的功能实体，也是移动通信系统与其他公用通信网之间的接口。归属位置寄存器(HLR)是 GSM 系统的中央数据库，存储其管辖区内的所有移动用户的相关数据，包括静态数据(移动用户的识别号码、访问能力、用户类别和补充业务等)，以及归属用户有关的动态数据。拜访位置寄存器(VLR)是存储进入其控制区域的来访移动用户的有关数据的动态用户数据库。这些数据从该用户的 HLR 获取并进行暂存，一旦用户离开，临时存储的有关该用户的数据将被删除。认证(鉴权)中心(AUC)用于存储鉴权信息和加密密钥，用来阻止无权用户接入系统和保证无线通信的安全。AUC 对任何试图入网的用户进行身份认证，只有合法用户才能接入网中并得到服务。移动设备识别寄存器(EIR)是用于存储移动设备的国际设备识别码，通过核查白色、黑色和灰色三种清单，运营部门就可判断出移动设备是属于准许使用的，还是失窃而不准使用的，或是由于技术故障或误操作而危及网络正常运行的 MS 设备，以确保网络内所使用的移动设备的唯一性和安全性。操作与维护中心(OMC)负责对全网进行监控与操作，如系统的自检、报警与备用设备的激活、系统的故障诊断与处理、话务量的统计与计费数据的记录与传递以及与网络参数有关的各种资料的收集、分析与显示等。

操作支持子系统(OSS)具备移动用户管理、移动设备管理和系统的操作与维护功能，由网络管理中心(NMC，Network Manage Center)、用于集中计费管理的数据后处理系统(DPPS，Data Post Processing System)、安全性管理中心(SEMC，Security Management Center)和用于用户识别卡管理的个人化中心(PCS，Personal Communication Service)组成。

与 1G 不同的是，2G 采用的是数字技术，其主要特性是为移动用户提供数字化的语音业务以及高质低价服务。第二代移动通信具有保密性强、频谱利用率高、能提供丰富的业务、标准化程度高等特点，使移动通信得到了空前的发展。尽管 2G 技术在发展中不断得到完善，但随着用户规模和网络规模的不断扩大，频率资源已接近枯竭，语音质量不能达到用户满意的标准，数据通信速率太低，无法在真正意义上满足移动多媒体业务的需求。

3. 2.5G

GPRS 是通用分组无线业务(General Packet Radio Service)的英文简称，也称为 2.5G 技术，是在 GSM 网络基础上增加 GPRS 服务支持节点以及 GPRS 网关支持节点形成的一个新的网络实体，提供端到端的、广域的无线 IP 连接，目的是为 GSM 用户提供分组形成的数据业务。

一个 GPRS 系统可由两个子系统组成，即基站子系统(BSS)和网络子系统(GPRS 骨干网)两部分，如图 2-6 所示。其中，GPRS 骨干网是整个系统的核心，它连接了移动网与分组业务数据网。基站子系统在原 GSM 网络中叠加一个 PCU 功能实体。

服务 GPRS 支持节点(SGSN，Serving GPRS Support Node)是 GPRS 网络的一个基本的组成网元，是为了提供 GPRS 业务而在 GSM 网络中引进的一个新的网元设备。其主要的作用就是为 SGSN 服务区域的 MS 进行移动性管理，并转发输入/输出的 IP 分组，其地位类似于 GSM 电路网中的拜访移动业务交换中心(VMSC，Visited Mobile-services Switching Center)。

此外，SGSN 中还集成了类似于 GSM 网络中 VLR 的功能，当用户处于 GPRS Attach(GPRS 附着)状态时，SGSN 中存储了同分组相关的用户信息和位置信息。同 VLR 相似，SGSN 中的大部分用户信息在位置更新过程中从 HLR 获取。

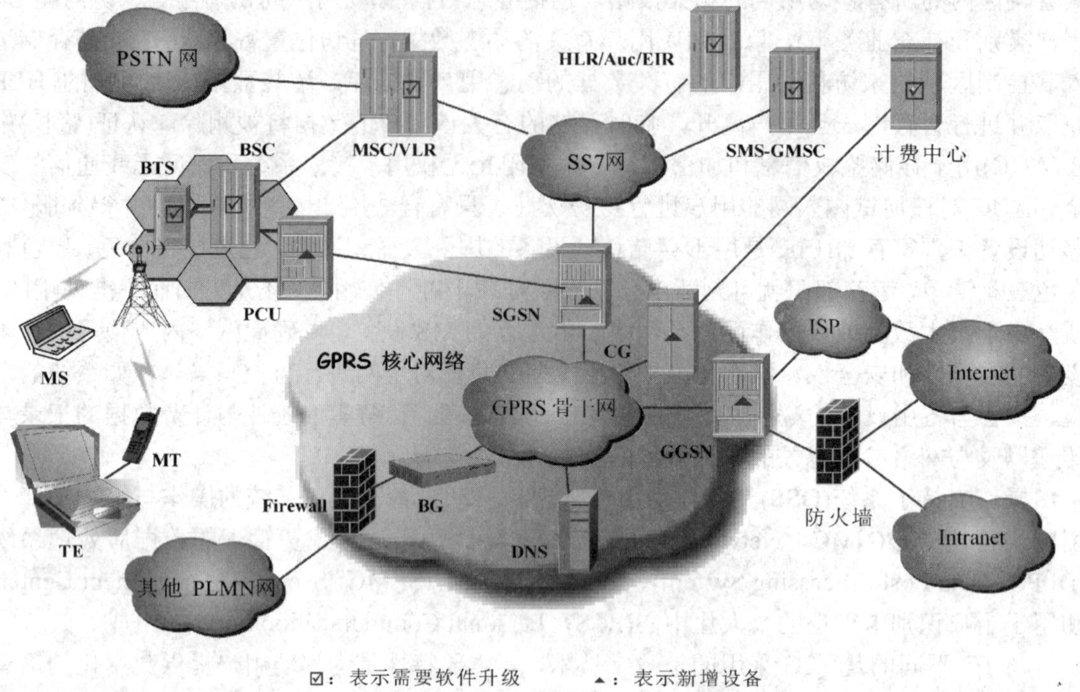

图 2-6　GPRS 系统结构

网关 GPRS 支持节点(GGSN，Gateway GPRS Support Node，)也是为了在 GSM 网络中提供 GPRS 业务功能而引入的一个新的网元功能实体，提供数据包在 GPRS 网和外部数据网之间的网关接口功能。用户选择哪一个 GGSN 作为网关，是在分组数据协议(PDP，Packet Data Protocol)上下文激活过程中根据用户的签约信息以及用户请求的接入点名(APN，Access Point Name)所确定的。

分组控制单元(PCU，Packet Control Unit)是在 BSS 侧增加的一个处理单元，主要完成 BSS 侧的分组业务处理和分组无线信道资源的管理任务，目前 PCU 一般实现在 BSC 和 SGSN 之间。

计费网关设备(CG，Charging Gateway)主要完成从各 GSN 的话单收集、合并和预处理工作，并完成同计费中心之间的通信接口。在 GSM 原有网络中并没有这样一个设备，GPRS 用户一次上网过程的话单会从多个网元实体中产生，而且每一个网元设备中都会产生多张话单。引入 CG 的目的就是在话单送往计费中心之前对话单进行合并与预处理，以减少计费中心的负担；同时 SGSN、GGSN 这样的网元设备也不需要实现同计费中心的接口功能。

域名服务器(DNS，Domain Name Server)主要是用来解析 GSN 的 IP 地址，在 PDP 上下文激活过程中，SGSN 通过对 APN 进行域名解析，获得用户上网所使用的 GGSN 的 IP 地址；在 SGSN 间路由区更新过程中，通过 RAI 构造域名，进行解析，得到旧 SGSN 的 IP 地址，并与旧的 SGSN 进行信令和数据交互，从而完成路由区更新过程。

用户 PDP 上下文激活完成后，用户上网过程中解析域名所使用的 DNS 服务器是外部网中的 DNS 服务器。

4. 3G

第三代移动通信系统最早于 1985 年由国际电信联盟(ITU)提出，当时称为未来公众陆地移动通信系统(FPLMTS，Future Public Land Mobile Telecommunication System)，1996 年更名为国际移动电话系统-2000(IMT-2000，International Mobile Telecom System-2000)，即该系统工作在 2000 MHz 频段，最高业务速率可达 2000 kb/s，其家族成员如图 2-7 所示。

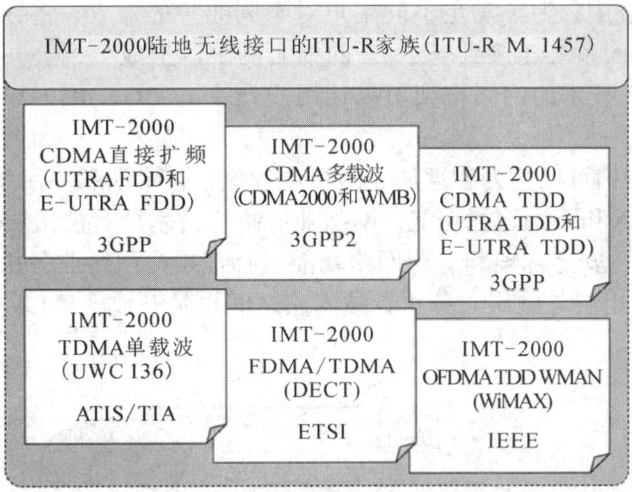

图 2-7 IMT-2000 家族

与第一代模拟移动通信和第二代数字移动通信相比，第三代移动通信是将无线通信与国际互联网等多媒体通信相结合的新一代移动通信系统，其主要的特点是能实现无缝覆盖，具有全球漫游能力，可与固定网络相兼容，在任何时候、任何地点能进行任何种类的通信，能够实现高速数据传输，具备宽带多媒体服务，用第三代手机除了可以进行普通的寻呼和通话外，还可以上网读报纸，查信息，下载文件和图片，传输图像，提供可视电话业务。

国际电信联盟(ITU)于 2000 年 5 月确定了 WCDMA、CDMA2000、TD-SCDMA 三大主流无线接口标准。

WCDMA 是通用移动通信系统(UMTS，Universal Mobile Telecommunications System)的空中接口技术，接入方式为 IMT-DS，核心网络基于 GSM/GPRS，所以许多 WCDMA 的高层协议和 GSM/GPRS 基本相同。

CDMA2000 是在 IS-95 基础上的进一步发展，它对 IS-95 系统有向后兼容性，为了支持分组数据业务，核心网络在 ANSI-41 网络的基础上增加了支持分组交换的部分，并逐步向全 IP 的核心网过渡。

TD-SCDMA 是时分同步码分多址(Time Division-Synchronous Code Division Multiple Access)的英文简称，是中国完全拥有自主知识产权的 3G 标准，被国际上广泛接受和认可，打破了长期以来欧美对于国际通信网络标准的垄断，是中国电信史上重要的里程碑。

5. 4G

虽然 3G 传输率快，但还是存在着很多不尽如人意的地方。第四代移动通信技术(4G)能提供更大的频宽，满足 3G 尚不能达到的在覆盖、质量、造价上支持的高速数据和高分辨率多媒体服务的需要。该技术能进一步提高数据传输速度，集 3G 与 WLAN 于一体并能够传输高质量视频图像，且图像传输质量与高清晰度电视不相上下。

4G 是 3G 技术的进一步演化，在传统通信网络和技术的基础上不断地提高无线通信的网络效率和功能。通俗一点理解，最能概括 4G 技术的两句话：一是 4G 能够提供高速移动网络宽带服务；二是 4G 基于全球移动通信 LTE(Long Term Evolution)标准之上。在 4G 通信系统中，为了满足不同用户对不同业务的需求，将针对不同业务的接入系统通过多媒体接入系统连接到基于 IP 的核心网中，形成一个公共的、灵活的、可扩展的平台。基于 IP 技术的网络框架可以让用户在 2G、3G、4G、WLAN、固定网之间实现无缝漫游。

4G 网络体系结构可以分为物理层、网络业务执行技术层和应用层三层，如图 2-8 所示。物理层提供接入和路由选择功能，网络业务执行技术层为桥接层提供 QoS 映射、地址转移、即插即用、安全管理和有源网络功能。物理层与网络业务执行技术层提供开放式 IP 接口功能。应用层与网络业务执行技术层之间也是开放式接口，用于第三方开发和提供新业务。

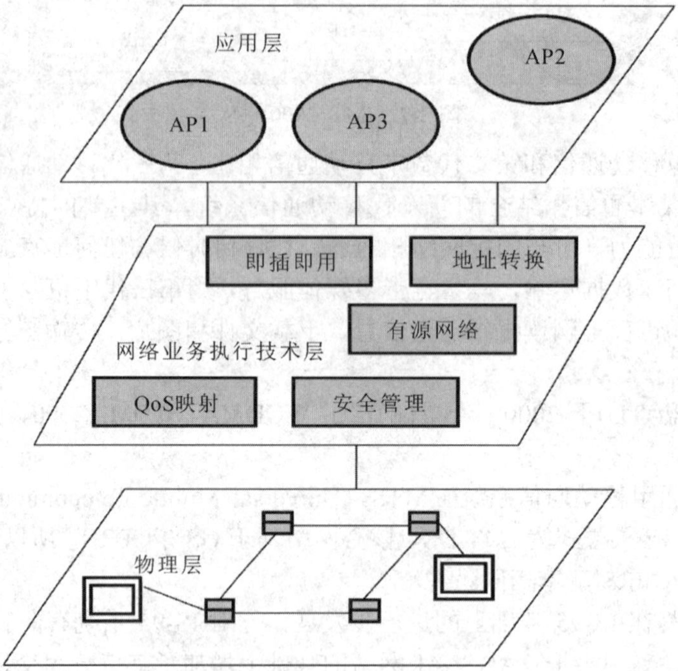

图 2-8　4G 网络体系结构

6. 5G

2018 年 6 月 13 日，在美国圣地亚哥 3GPP 5G NR 标准 SA(Standalone，独立组网)方案在 3GPP 第 80 次 TSG RAN 全会正式完成并发布，这标志着首个真正完整意义的国际 5G 标准正式出炉。与 1G、2G、3G 和 4G 相比，5G 网络速率将会有更大的飞跃，其传输速率超过 20 Gb/s，时延近乎为 0，1 s 能下完一部两个小时的高清电影，如图 2-9 所示。

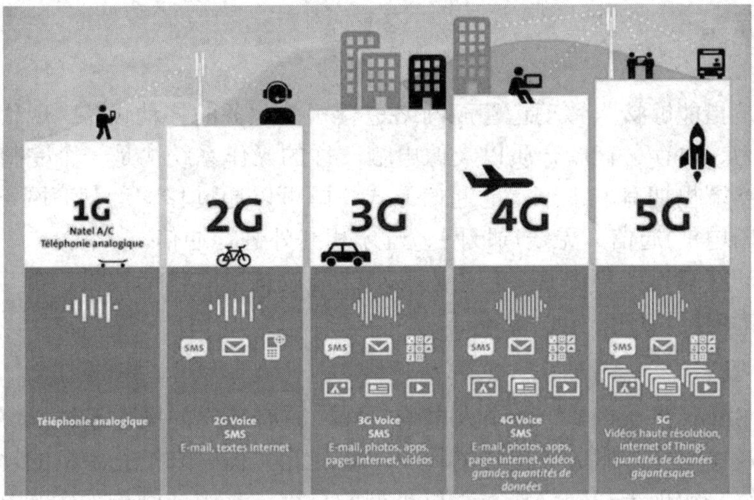

图 2-9　1G、2G、3G、4G 和 5G 速率对比图

5G 是面向 2020 年以后移动通信需求而发展的新一代移动通信系统。根据移动通信的发展规律，5G 将具有超高的频谱利用率和能效，在传输速率和资源利用率等方面较 4G 移动通信提高一个量级或更高，其无线覆盖性能、传输时延、系统安全和用户体验也将得到显著的提高。5G 移动通信将与其他无线移动通信技术密切结合，构成新一代无所不在的移动信息网络，满足未来 10 年移动互联网流量增加 1000 倍的发展需求。5G 不仅要解决人与人通信，为用户提供增强现实、虚拟现实、超高清(3D)视频等更加身临其境的极致业务体验，更要解决人与物、物与物通信问题，满足移动医疗、车联网、智能家居、工业控制、环境监测等物联网应用需求。最终，5G 将渗透到经济社会的各行业各领域，成为支撑经济社会数字化、网络化、智能化转型的关键新型基础设施。

任务 2.2　移动终端与移动操作系统

任务情景

小王在回家途中突然接到经理电话，让他明早坐火车去外地出差。但小王现离火车站较远，如果现在赶到火车站去买票，怕因耽误时间，票卖完了。这时小王想到同事之前告诉他可以通过手机 APP 购票。于是他马上打开手机下载，由于手机的操作系统是安卓(Android)版的，所以他选择下载安装安卓版的订票 APP，最后小王买到了明天的火车票。

小王事后感慨道，现在订票真方便，随时随地都能买到，再也不用像以前排队买票那么麻烦了。本任务就带领大家一起学习移动终端与移动操作系统的有关知识。

知识链接

移动电子商务的发展归功于移动终端和移动操作系统的不断发展与更新，移动用户可以通过移动终端接入移动通信系统，使用所有移动通信服务业务。同时，移动终端必须要有移动操作系统才会发挥作用。

2.2.1　移动终端

移动终端是指能够接入移动运营商网络进行相关业务的移动设备。现代的移动终端拥有强大处理能力、内存、存储介质以及像电脑一样的操作系统，是一个完整的超小型计算机系统。移动终端也拥有非常丰富的通信方式，即可以通过移动运营商网络(如中国移动、中国联通和中国电信)通信、无线局域网、蓝牙和红外进行通信。

今天的移动终端设备种类繁多，个人移动终端设备主要包括智能手机、掌上电脑、平板电脑、笔记本电脑、GPS 定位设备等。

1. 智能手机

智能手机(Smart Phone)是指像个人电脑一样，具有独立的操作系统，可以由用户自行安装软件、游戏等第三方服务商提供的程序，通过此类程序来扩充手机的功能，并可以通过移动通信网络来实现无线网络接入手机类型的总称，其组成结构如图 2-10 所示。

图 2-10　智能手机组成结构

2. 掌上电脑

PDA(Personal Digital Assistant)是个人数字助手的意思，又称为掌上电脑，如图 2-11 所示。顾名思义就是辅助个人工作的数字工具，主要提供记事、通讯录、名片交换及行程安排等功能。

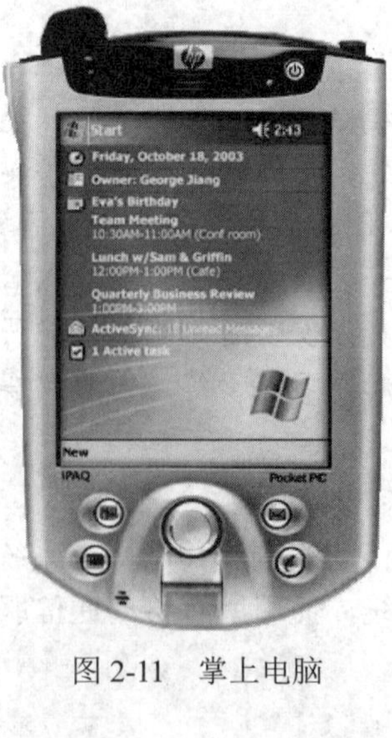

图 2-11　掌上电脑

掌上电脑在许多方面和台式机很像，例如，它同样有处理器、存储器、显示芯片以及操作系统等，其最大的特点是具有开放式的操作系统，支持软硬件升级，集信息的输入、存储、管理和传递于一体，具备常用的办公、娱乐、移动通信等强大功能。在使用上，掌上电脑比台式电脑操作简单、移动方便，功能实用，消除了台式电脑的五大限制，即：移动的限制性、使用的复杂性、移动联网的困难性、价格的昂贵性、用途的闲置性。掌上电脑发展的趋势和潮流就是计算、通信、网络、存储、娱乐、电子商务等多功能的融合。

3. 平板电脑

平板电脑也叫便携式电脑(Tablet Personal Computer)简称 Tablet PC、Flat Pc、Tablet、Slates，是一种小型、方便携带的个人电脑，以触摸屏作为基本的输入设备，如图 2-12 所示。它拥有的触摸屏(也称为数位板技术)允许用户通过触控笔或数字笔来进行作业而不是传统的键盘或鼠标。用户可以通过内建的手写识别、屏幕上的软键盘、语音识别或者一个真正的键盘(如果该机型配备的话)实现输入。平板电脑分为 ARM 架构(代表产品为 iPad 和 Android 平板电脑)与 X86 架构(代表产品为 Surface Pro)两种。X86 架构平板电脑一般采用 Intel 处理器及 Windows 操作系统，具有完整的电脑及平板功能，支持 exe 程序。

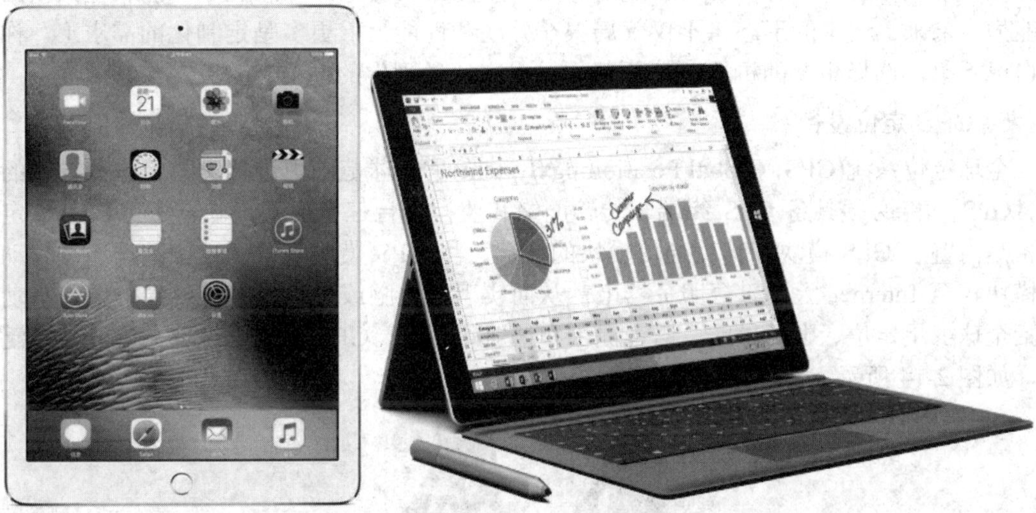

图 2-12　平板电脑

从 2019 年到 2020 年全球平板电脑出货量从 1.44 亿台增加到 1.64 亿台，预计 2021 年平板电脑的出货量 1.7 亿台。随着越来越多追求效率，注重体验感的年轻人成为社会主力消费群体，集娱乐、办公性能于一身，兼具小巧轻便属性的平板电脑逐渐成为不少消费者提升工作效率、享受娱乐生活的首选。未来随着教育、娱乐、工作的需求不断增长，平板电脑的市场规模也将持续稳步增长，市场前景明朗。

4. 笔记本电脑

笔记本电脑(NoteBook Computer)亦称笔记型、手提或膝上电脑(Laptop Computer)，是一种小型、可方便携带的个人电脑。笔记本电脑的重量通常为 1～3kg，其发展趋势是体积越来越小，重量越来越轻，而功能却越来越强大。笔记本电脑跟 PC 的主要区别在于其便携性，如图 2-13 所示。

图 2-13　笔记本电脑

笔记本电脑的产品形态在不断进化，产品类型也更加丰富。越来越多的笔记本电脑具有更加精准的触摸屏设计，而一些便携高端产品会集成大量的体感控制功能和全天候的续航能力。未来笔记本的形态将不仅仅局限在外观和性能上，更多是定制化的需求上，你在家自己下单，选择想要的机器，工厂帮你做出来，送到你的面前。

5. GPS 定位设备

全球定位系统(GPS，Global Positioning System)是全球范围内进行实时定位和导航的系统。GPS 功能必须具备 GPS 终端、传输网络和监控平台三个要素，缺一不可。GPS 定位设备是内置了 GPS 模块和移动通信模块的终端，将 GPS 模块获得的定位数据通过移动通信模块传至 Internet 上的一台服务器上，从而实现在电脑或手机上查询终端位置，其功能包括全球卫星定位、电子导航、语音提示和偏航纠正等，GPS 导航系统现在已经被广泛使用，如图 2-14 所示。

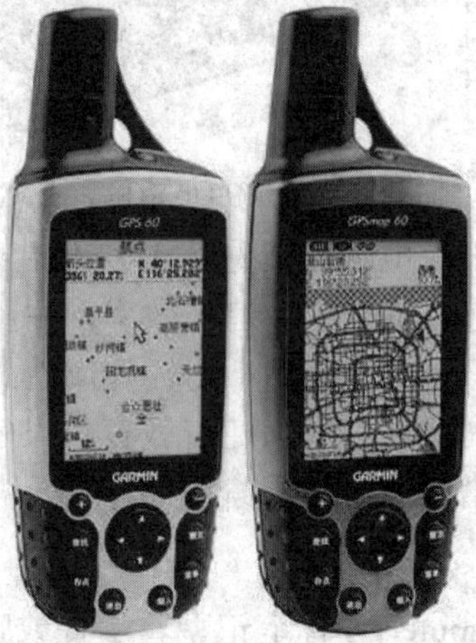

图 2-14　GPS 定位设备

2.2.2　移动操作系统

操作系统(OS，Operating System)是管理和控制计算机硬件与软件资源的计算机程序，是直接运行在“裸机”上的最基本的系统软件，是用户和计算机之间的接口，也是计算机硬件和其他软件之间的接口。移动操作系统的运算能力及功能比传统功能手机更强。目前市场主流的移动操作系统有 Android 和 iOS，如图 2-15 所示。

图 2-15　Android 和 iOS 操作系统标识

1. Android 操作系统

Android 是由 Google 于 2007 年 11 月 5 日宣布推出的基于 Linux 平台的开源手机操作系统。该平台由操作系统、中间件、用户界面和应用软件组成，是首个为移动终端打造的真正开放和完整的移动操作系统。

Andriod 系统架构由 Linux 内核(Linux Kernel)、程序库(Libraries)、Andriod 运行库(Android Runtime)、应用框架(Application Framework)和应用程序(Application)五个部分组成，如图 2-16 所示。

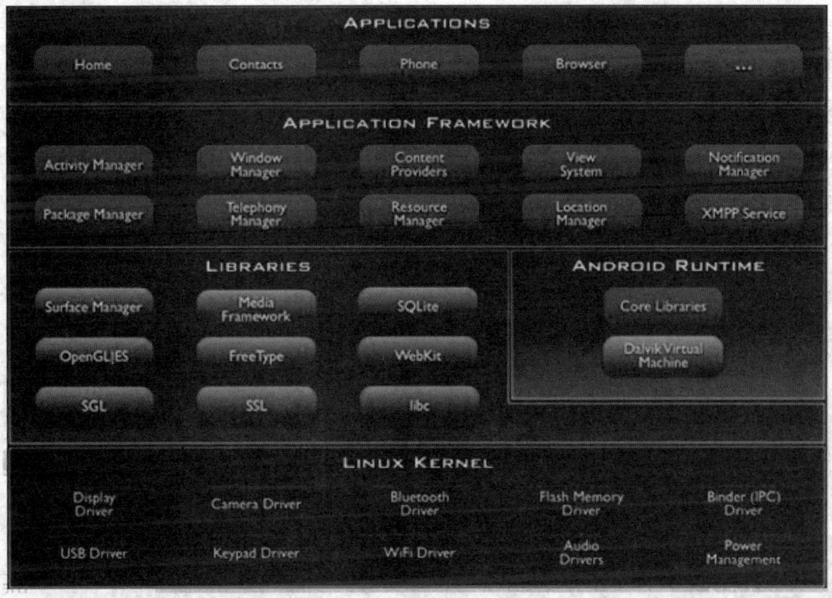

图 2-16　Android 系统架构

(1) Linux Kernel：Android 的核心系统服务依赖于 Linux 内核，如安全性、内存管理、进程管理、网络堆栈和驱动模型。Linux 内核同时作为硬件和软件栈之间的抽象层。除了标准的 Linux 内核外，Android 还增加了内核的驱动程序包括 Display Driver、Camera Driver、Keypad Driver、WiFi Driver、Audio Driver、Flash Memory Driver、Binder(IPC)Driver、Power Management、Bluetooth Driver 和 USB Driver 等。

(2) Libraries：Android 包含一些 C/C++ 库，Android 系统中各式组件都能使用这些库。它们通过 Android 应用程序框架为开发者提供服务。Libraries 包括九个子系统，分别是 Surface Manager、Media Framework、SQLite、OpenGLEState、FreeType、WebKit、SGL、SSL 和 libc。

(3) Android Runtime：Android Runtime 包括核心类库和 Dalvik 虚拟机两部分。核心类库提供 Java 编程语言核心库的大部分功能。Dalvik 虚拟机是 Android 平台的一个虚拟机，它相当于 PC 中 Java 的虚拟机 JVM，每个 Android 应用都运行在自己的进程上，享有 Dalvik 虚拟机为它分配的专有实例，Dalvik 虚拟机具有完成对生命周期、堆栈、线程、安全和异常的管理以及垃圾回收等重要功能。

(4) Application Framework：应用程序框架层包括活动管理器(Activity Manager)、窗口管理器(Window Manager)、内容提供者(Content Providers)、视图系统(View System)、包管理器(Package Manager)、电话管理器(Telephony Manager)、资源管理器(Resource Manager)、位置管理器(Location Manager)、通知管理器(Notification Manager)和 XMPP 服务(XMPP Services)等。在 Android 平台上，开发人员可为访问核心应用程序所使用的 API 框架。并且，任何一个应用程序都可以发布自身的功能模块，而其他应用程序则可以使用这些已发布的功能模块。基于这样的重用机制，用户就可以方便地替换平台本身的各种应用程序组件。

(5) Application：Android 会同一系列核心应用程序包一起发布，该应用程序包包括 E-mail 客户端、SMS 短消息程序、日历、地图、浏览器、联系人管理程序等。所有的应用程序都是使用 Java 语言编写的。

中国移动、中国联通、中兴通信、华为通信和联想等大企业纷纷使用了 Android 系统，而且 Android 系统是开源的，服务是免费的，使用 Android 手机的人也就越来越多，Android 在中国的前景十分广阔。

2. iOS 操作系统

iOS 是由苹果公司开发的移动操作系统。苹果公司最早于 2007 年 1 月 9 日的 Macworld 大会上公布了这个系统，最初是设计给 iPhone 使用的，后来陆续套用到 iPod touch、iPad 以及 Apple TV 等产品上。iOS 与苹果的 mac OS 操作系统一样，属于类 Unix 的商业操作系统。原本这个系统名为 iPhone OS，因为 iPad，iPhone，iPod touch 都使用 iPhone OS，所以在 2010 年 6 月 7 日 WWDC 大会上宣布改名为 iOS。

iOS 系统由核心操作系统层(Core OS layer)、核心服务层(Core Services layer)、媒体层(Media layer)和可轻触层(Cocoa Touch layer)四部分组成，如图 2-17 所示。

(1) Core OS：核心操作系统层是位于 iOS 系统架构最下面的一层，可以直接和硬件设备进行交互，提供了整个 iOS 的一些基础功能，如内存管理、文件系统、电源管理等。

(2) Core Services：为所有应用提供基础系统服务，如提供字串处理、日历和时间管理等基本功能。

(3) Media layer：提供了图像、音频和视频等多媒体功能。

(4) Cocoa Touch：开发 iPhone 应用的关键框架，呈现应用程序界面上的各种组件。

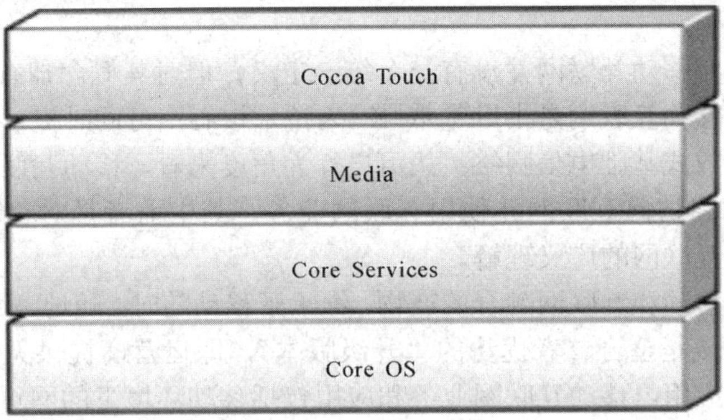

图 2-17　IOS 系统架构

iOS 系统是一款功能比较强大的操作系统，在 iOS 系统运行的程序不管程序多大都不会造成死机，使用相对流畅很多，而且系统的安全性比较高，给用户带来了极佳的使用体验。

任务 2.3　移动互联网技术

任务情景

小王出差去客户那里，乘火车回来时，突然发现手机里有一份重要的电子合同忘了发给客户，但手机这时候欠费停机了，而火车上又不提供 Wi-Fi，他为此心急如焚。旁边座位的旅客了解情况后，在自己的手机上开启了“个人热点”功能，小王连接个人热点后，顺利地将合同发到了客户的邮箱。

小王事后感慨道，用手机就能连接互联网，网络真是无处不在啊。本任务就带领大家一起学习移动互联网的有关知识。

知识链接

移动互联网的浪潮正在席卷到社会的方方面面，新闻阅读、视频节目、电商购物、公交出行等热门应用都出现在移动终端上，在苹果和安卓商店的下载量已达到数百亿次，而移动用户规模更是超过了 PC 用户。在移动互联网时代，传统的信息产业运作模式正在被打破，新的运作模式正在形成。对于手机厂商、互联网公司、消费电子公司和网络运营商来说，这既是机遇，也是挑战。

2.3.1　移动互联网的基本概念

对于移动互联网的概念，目前没有一个具体的定义。有研究者认为移动互联网，就是将移动通信和互联网二者结合起来，成为一体，是互联网的技术、平台、商业模式和应用与移动通信技术结合并实践的活动的总称。有研究者认为移动互联网的概念是相对传统的互联网而言的，强调用户可以不限制地点、时间，并且随时可以在移动中接入互联网并使用相关业务。移动互联网是用户能够通过手机、PDA 或其他手持终端设备通过各种无线网络进行数据交换。

虽然目前业界对移动互联网并没有一个统一定义，但对其概念却有一个基本的判断，从网络角度来看，移动互联网是指以宽带 IP 为技术核心，可同时提供语音、数据、多媒体等业务服务的开放式基础电信网络；从用户行为角度来看，移动互联网是指采用移动终端通过移动通信网络访问互联网并使用互联网业务，其中前者是对移动互联网的狭义理解，后者是对移动互联网的广义理解。

移动互联网是移动和互联网融合的产物，继承了移动随时、随地、随身和互联网分享、开放、互动的优势，是整合二者优势的“升级版本”，即运营商提供无线接入，互联网企业提供各种成熟的应用。移动互联网业务和应用包括移动环境下的网页浏览、文件下载、位置服务、在线游戏、视频浏览和下载等业务。随着宽带无线移动通信技术的进一步发展，移动互联网业务的发展将成为继宽带技术后互联网发展的又一个推动力，为互联网的发展提供一个新的平台，使得互联网更加普及。移动互联网以移动应用固有的随身性、可鉴权、可身份识别等独特优势，为传统的互联网类业务提供了新的发展空间和可持续发展的新商业模式；同时，移动互联网业务的发展为移动网带来了无尽的应用空间，促进了移动网络宽带化的深入发展。移动互联网业务正在成长为移动运营商业务发展的战略重点。5G 时代的开启以及移动终端设备的凸显必将为移动互联网的发展注入巨大的能量。

2.3.2 移动互联网的特点

与传统的桌面互联网相比较，移动互联网具有几个鲜明的特点：

(1) 便捷性和便携性：移动互联网的基础网络是一张立体的网络，GPRS、3G、4G 和 WLAN 或 WiFi 构成的无缝覆盖，使得移动终端具有通过上述任何形式方便联通网络的特性；移动互联网的基本载体是移动终端，顾名思义，这些移动终端不仅仅是智能手机、平板电脑，还有可能是智能眼镜、手表、服装、饰品等各类随身物品。它们属于人体穿戴的一部分，随时随地都可使用。

(2) 即时性和精确性：由于有了上述便捷性和便携性，人们可以充分利用生活中、工作中的碎片化时间，接受和处理互联网的各类信息，不再担心有任何重要信息、时效信息被错过。无论是什么样的移动终端，其个性化程度都相当高，尤其是智能手机，每一个电话号码都精确地指向了一个明确的个体，确保移动互联网能够针对不同的个体，提供更为精准的个性化服务。

(3) 感触性和定向性：这一点不仅仅是体现在移动终端屏幕的感触层面，更重要的是体现在照相、摄像、二维码扫描，以及重力感应、磁场感应、移动感应，温度、湿度感应等无所不及的感触功能。基于位置的服务 LBS(Location Based Service)，不仅能够定位移动终端所在的位置，甚至可以根据移动终端的趋向性，确定下一步可能去往的位置，使得相关服务具有可靠的定位性和定向性。

(4) 业务与终端、网络的强关联性和业务使用的私密性：由于移动互联网业务受到了网络及终端能力的限制。因此，其业务内容和形式也需要适合特定的网络技术规格和终端类型。在使用移动互联网业务时，所使用的内容和服务更私密，如手机支付业务等。

(5) 网络的局限性：移动互联网业务在便携的同时，也受到了来自网络能力和终端能力的限制。在网络能力方面，受到无线网络传输环境、技术能力等因素限制；在终端能力方面，受到终端大小、处理能力、电池容量等因素的限制。

2.3.3　移动互联网的基本结构

从层次上看，移动互联网可分为终端层/设备层、接入层/网络层和应用层/业务层等三个层次，如图 2-18 所示。

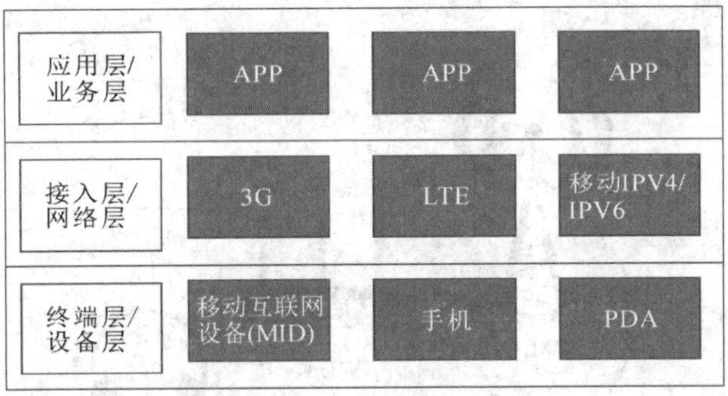

图 2-18　移动互联网层次结构

终端层/设备层包括智能手机、平板电脑、上网本、移动互联网设备(MID，Mobile Internet Device)等。

接入层/网络层是指融合多种技术的新型宽带无线通信网络。作为移动互联网的神经中枢和大脑，它将通过解决网络系统中的便携性、个性化、多媒体业务、综合服务等问题，使用户能够随时随地按需接入互联网，访问各种应用。

应用层/业务层是移动互联网的终点和归宿，它直接与应用程序通过接口建立联系，并为用户提供常见的移动互联网应用业务。

世界无线研究论坛(WWRF，Wireless World Research Forum)认为移动互联网是自适应的、个性化的、能够感知周围环境的服务，它给出的移动互联网参考模型如图 2-19 所示。

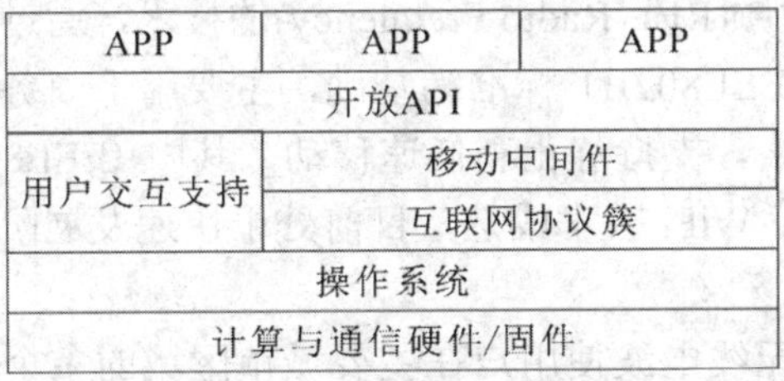

图 2-19　移动互联网参考模型

各种应用通过开放的应用程序接口(API)完成用户交互支持或移动中间件支持，移动中间件是连接不同的移动应用、程序和系统的一种软件，它由多个通用服务元素构成，包括建模服务、存在服务、移动数据管理、配置管理、服务发现、事件通知和环境监测等。互联网协议族主要有 IP 服务协议、传输协议、机制协议、联网协议、控制与管理协议等，同时还负责网络层到链路层的适配功能。操作系统完成上层协议与下层硬件资源之间的交互。硬件/固件则指组成终端和设备的器件单元。

2.3.4 移动互联网的无线接入方式

移动互联网支持多种无线接入方式，根据覆盖范围的不同，可分为无线个域网(WPAN，Wireless Personal Area Network)接入、无线局域网(WLAN，Wireless Local Area Network)接入、无线城域网(WMAN，Wireless Metropolitan Area Network)接入和无线广域网(WWAN，Wireless Wide Area Network)接入，如图 2-20 所示。

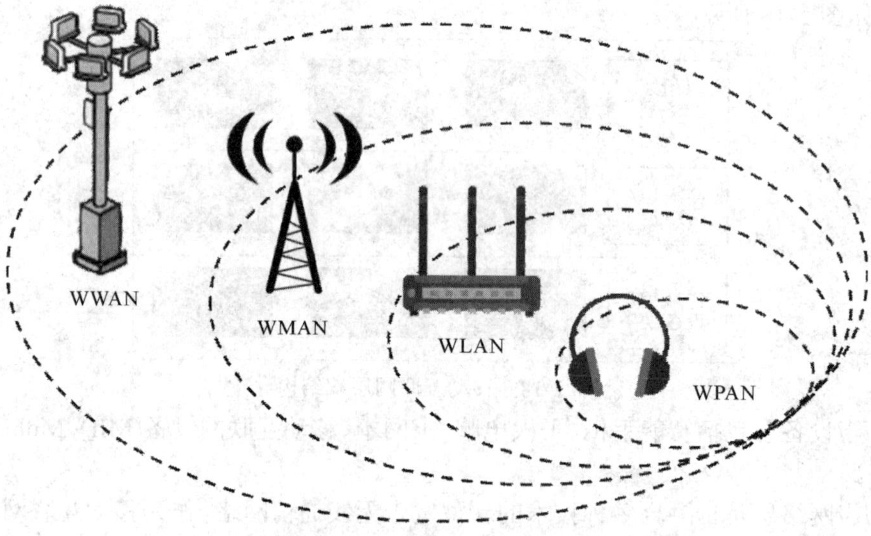

图 2-20 移动互联网的无线接入方式

WPAN 是一种通过无线电波连接个人邻近区域内的计算机或其他设备的网络，位于整个网络链的末端。WPAN 以 IEEE802.15 为基础，主要用于家庭网络等个人区域网场合，其工作范围一般是在 10 米以内。支持 WPAN 的技术包括蓝牙(Bluetooth)、紫蜂(ZigBee)、超频波段(UWB)、红外数据连接(IrDA)、家庭射频(HomeRF)等，其中蓝牙技术在无线个人局域网中使用最广泛。

WLAN 是一种采用射频(RF，Radio Frequency)的技术，通过无线电波在空中进行网络通信的网络。WLAN 以 IEEE802.11 标准为基础，主要用于商务休闲和企业校园等网络环境，被广泛称为 WiFi 网络，支持静止和低速移动，其中 IEEE802.11g 标准的覆盖范围约 100 m，带宽可达 54 Mb/s。WiFi 技术成熟，目前处于快速发展阶段，已在机场、酒店和校园等场合得到广泛应用。

WMAN 是一种采用无线电波使用户在主要城市区域的多个场所之间创建无线连接的网络。WMAN 能实现语音、数据、图像、多媒体、IP 等多业务的接入服务，其覆盖范围的典型值为 3～5 km，点到点链路的覆盖可以高达几十千米。支持 WMAN 的技术包括多路多点分配业务(MMDS，Multichannel Multipoint Distribution Service)、区域多点传输服务(LMDS，Local Multipoint Distribution Services)、基于 IEEE802.16 标准的全球微波互联接入(WiMAX，Worldwide Interoperability for Microwave Access)和高性能城域网(HiperMA，High Performance MAN)等技术。

WWAN 是一种指利用现有移动通信网络实现互联网接入，覆盖全国或全球范围的无线网络。与 WPAN、WLAN 和 WMAN 相比，WWAN 更加强调的是快速移动性。IEEE802.20 标准是 WWAN 的重要标准，主要为了实现高速移动环境下的高速率数据传输，以弥补 IEEE802.1x 协议族在移动性上的劣势。IEEE802.20 可以有效解决移动性与传输速率相互矛盾的问题，是一种适用于高速移动环境下的宽带无线接入系统空中接口规范。典型的 WWAN 有 GSM 移动通信系统和卫星通信系统。

任务 2.4　基于位置的服务技术

任务情景

小王正在外地旅游，一边行走一边欣赏沿途风景，时间马上到中午了，小王此时觉得有点饥饿，准备在附近找家有特色饭馆吃饭，但他第一次来这里，对这里的特色美食不熟悉，于是他马上拿出手机，打开百度地图 APP 中的发现周边功能，不一会儿就显示出了附近的美食以及美食所在位置，然后自己挑了家饭馆，打开导航，最后顺利到达饭馆吃饭。

小王事后感慨道，网络真是智能啊，能立即定位我的当前位置，并推送当前位置附近的美食。本任务就带领大家一起学习基于位置的服务的有关知识。

知识链接

在移动互联网高速发展的信息时代，人们不仅希望获得关于某些事件的信息，还希望知道自己所处的位置，并获取与自身位置相关的感兴趣的信息。因此，基于位置的服务应运而生，该服务能向用户提供当地新闻、天气、美食及旅店等信息，为旅游业、零售业、娱乐业和餐饮业的发展带来了巨大的商机。

2.4.1　基于位置的服务的基本概念

基于位置的服务(LBS，Location Based Service)是一项集地理信息系统、空间定位、移动通信和无线互联网等技术的综合体，是通过电信移动运营商的移动通信网络(如 GSM 网、CDMA 网)或外部定位方式(如 GPS)获取移动终端用户的位置信息(如经纬度坐标数据)，在地理信息系统平台的支持下，为用户提供相应服务的一种无线增值业务。

LBS 包括两层含义，首先是确定移动设备或用户所在的地理位置；其次是提供与位置相关的各类信息服务。LBS 意指与定位相关的各类服务系统，简称“定位服务”，还被称为“移动定位服务”(MPS，Mobile Position Services)。基于位置的服务可以随时(Anytime)、随地(Anywhere)为所有的人(Anybody)和事(Anything)提供实时的“4A”服务。

一个完整的 LBS 系统由移动终端、服务平台以及移动通信网络和计算机网络的媒介组成，如图 2-21 所示。

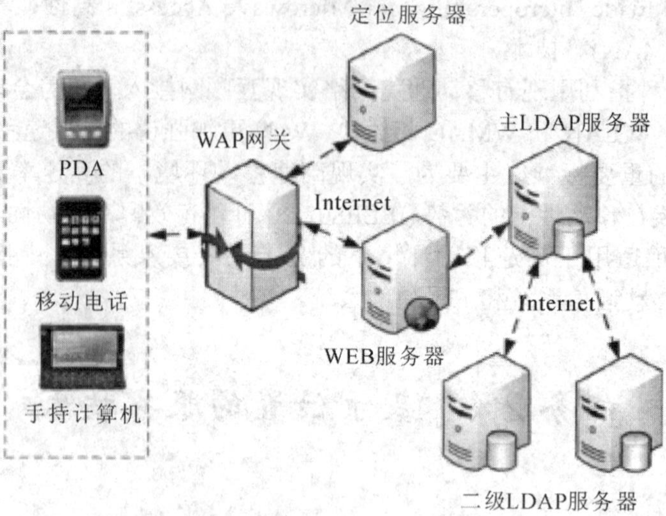

图 2-21　LBS 系统架构

移动终端是与用户直接交互的部分，手机、PDA 均有可能成为 LBS 的用户终端。服务平台主要包括 WAP 网关、WEB 服务器(Web Server)、定位服务器(Location Server)、LDAP (Lightweight Directory Access Protocol)服务器。

用户使用移动终端将查询内容以 WAP 协议通过 WAP 网关发送到 WEB 服务器，查询内容还包括用户请求、密码和终端的 IP 或电话号码。WEB 服务器接受到这些信息后，将其发送至定位服务器，定位服务器首先判断用户是否为合法用户，若是则将用户的位置信息发送给 WEB 服务器，若不是则取消定位。WEB 服务器接收到定位服务器返回的位置信息后，将与请求一起封装成 LDAP 服务请求，发送至 LDAP 服务器。LDAP 服务器在数据库中查找与之请求相符合的内容，通过 Web 服务器发送给用户。若 LDAP 服务器没有找到用户所请求的数据，则将 LDAP 请求发往二级 LDAP 服务器进行搜索(一般指邻近的蜂窝网中)，若仍旧没有找到，则回复用户相关的信息。

2.4.2　基于位置的服务的关键技术

LBS 是定位、电子地图、基于位置数据的信息挖掘和分析、自适应表达等技术融合的产物，这些技术的集成和综合构成了基于位置服务的基本服务，如图 2-22 所示。

定位技术是 LBS 系统的基础，主要负责获取移动终端的实时位置信息，并通过相应渠道将位置信息传输到移动终端应用系统和移动服务中心。根据不同的定位目标和定位环境，应选用不同的定位方案，常用的定位方案主要有 GPS 定位、基于网络的定位和混合定位等。此外，近距离定位技术也是 LBS 定位技术的组成部分，如用户室内和特定区域的定位技术。典型的近距离定位技术包括射频识别、蓝牙和 ZigBee 等。

电子地图技术是 LBS 中的可视化表现形式，通过借助电子地图的空间分析能力，用户可以更好地享受基于位置的服务。电子地图可作为各种信息的载体，很多服务都是通过电子地图的方式提供给用户，因此在 LBS 系统中，电子地图数据的有效性和准确性会直接影响位置服务的质量好坏。

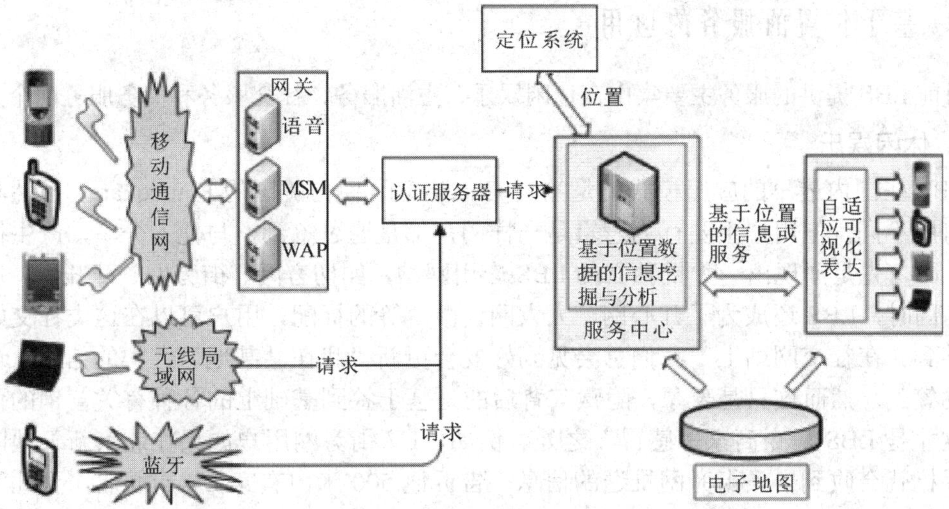

图 2-22　LBS 的技术构成框架

LBS 需要与数据分类、表达模型、信息分析与挖掘技术完备结合，才能更好地为用户提供各种与位置相关的服务信息。作为一种好的服务，其时效性和人性化是符合用户需求的一个重要指标。因此，分析用户的日常行为和需求是位置服务中信息分析和挖掘技术的重要内容。通过信息分析和数据挖掘技术可以对群体的活动轨迹进行分析利用。例如城市热点区域，哪里最热闹，哪个饭店最受欢迎，还可通过这些轨迹数据分析群体特征。通过分析个人的轨迹信息，可以分析出用户的行为模式和需求，如用户的爱好、饮食习惯、消费能力、宗教信仰等。但这些内容都关系到用户的隐私，所以使用数据分析的结果会受到一定的限制。

自适应表达的目的是为 LBS 的应用提供面向人的地理可视化系统，自适应表达根据不同的用户数据、资源和解决问题的情况，采用不同的视觉表现形式。具有自适应表达功能的可视化系统，具有交互式操作、上下文分析、自我组织、自我评价的功能。自适应表达的内容包括信息内容的自适应，用户接口、用户界面的自适应，信息表达方式的自适应以及技术的自适应。自适应表达原理为“自适应对象”通过一定的“自适应方法”从而达到“自适应目标/结果”，如图 2-23 所示。当用户向服务器发送服务请求时，系统根据用户的上下文，自适应地提供相对应的服务信息，然后将信息以与之相对应的方式提供给用户。

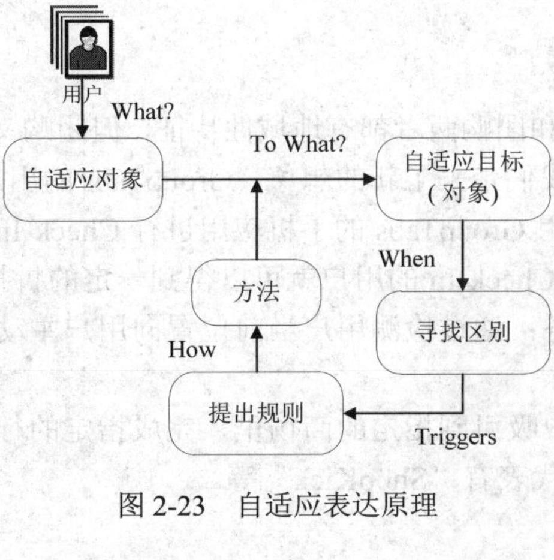

图 2-23　自适应表达原理

2.4.3　基于位置的服务的应用

目前 LBS 提供的服务主要集中在休闲娱乐、生活服务、社交服务和商务服务四个方面。

1. 休闲娱乐

LBS 在国内最早的应用模式就是签到(Check-In)，模仿美国的 Foursquare，虽然具体功能上有所不同，但用户主要行为逻辑是一样的，都是通过签到，与他人分享，产生衍生的应用。国内先是涌现出一大批独立的 LBS 应用网站，如切客网、街旁网、开开网、玩转四方等。同时，LBS 还成为了开心网、人人网、微博等的标配，用户可以在这类社交媒介上实现签到。在社交网站上，我们总会见到好友会更新“我在某某地”之类的信息，这就是所谓的签到。然而这只是表象，隐藏其背后的是基于签到基础上的各种有关营销的信息推送，这才是 LBS 最令商家“感冒”之处。例如，LV 街旁网用户如果在北京新天地附近签到，手机就会收到一条街旁网推送的信息，告诉他 500 米内有家 LV 旗舰店，到此签到不仅可领徽章(街旁奖励体验的一种方式)，还可以参加“旅行的意义”活动，并有机会获得 LV 品牌文化杂志一本。

2. 生活服务

(1) 周边生活服务的搜索：通过“周边搜索”等定位服务为与其合作的商家推荐和导入客流。同时，消费者也可以得到不同的优惠，以此调动用户活跃度，其代表有大众点评网、百度身边等。

(2) 与旅游的结合：由于旅游具有明显的移动特性和地理属性，分享攻略和心得体现了一定的社交性质，LBS 和旅游的结合是十分切合的，其代表有游玩网等。

(3) 会员卡与票务模式：实现一卡制，捆绑多种会员卡的信息，同时电子化的会员卡能记录消费习惯和信息，充分地使用户感受到简捷的形式和大量的优惠信息聚合，其代表有国内的“Mokard 么卡”、票务类型的“Eventbee”等。

3. 社交服务

(1) 地点交友，即时通讯：不同的用户因为在同一时间处于同一地理位置从而构建用户关系，其代表有“兜兜友”等。

(2) 以地理位置为基础的小型社区：地理位置为基础的小型社区，其代表有“区区小事”等。

4. 商务服务

(1) LBS+团购：LBS 和团购两者都有地域性特征，但团购又有其差异性。两者如何结合？美国的 GroupTabs 给我们带来了新的想象，GroupTabs 的用户到一些本地的签约商家，比如一间酒吧，到达后使用 GroupTabs 的手机应用进行 Check-In。当 Check-In 的数量到达一定数量后，所有进行过 Check-In 的用户就可以得到一定的折扣或优惠。

(2) 优惠信息推送服务：通过检测用户当前位置向用户主动推送优惠信息，其代表有“Getyowza”等。

(3) 店内模式：将用户吸引到指定的商场里，完成指定的行为后便赠送其可兑换成商品或礼券的虚拟点数，其代表有“ShopKick”等。

任务 2.5　云计算、大数据与物联网技术

任务情景

一天紧张的工作终于结束了，小王准备坐地铁回家。现在是下班高峰期，为了尽快赶回家，规避拥堵路段，于是小王拿出手机打开百度地图，按照百度地图推荐的路线行走。在回家的路上，小王又通过阿里智能 APP 提前打开家中的空调和热水器，同时在网上挑选晚餐，美团 APP 通过“猜您喜欢”向小王推送了美食信息，小王订了一份最喜欢吃的牛排。

小王事后感慨道，智能规划路线、远程遥控家电、根据用户喜好推送信息，网络真是无所不能啊。本任务就带领大家一起学习云计算、大数据与物联网的有关知识。

知识链接

《互联网进化论》一书中提出“互联网将向着与人类大脑高度相似的方向进化，它将具备自己的视觉、听觉、触觉、运动神经系统，也会拥有自己的记忆神经系统、中枢神经系统、自主神经系统”，并绘制了一张互联网虚拟大脑结构图，如图 2-24 所示。

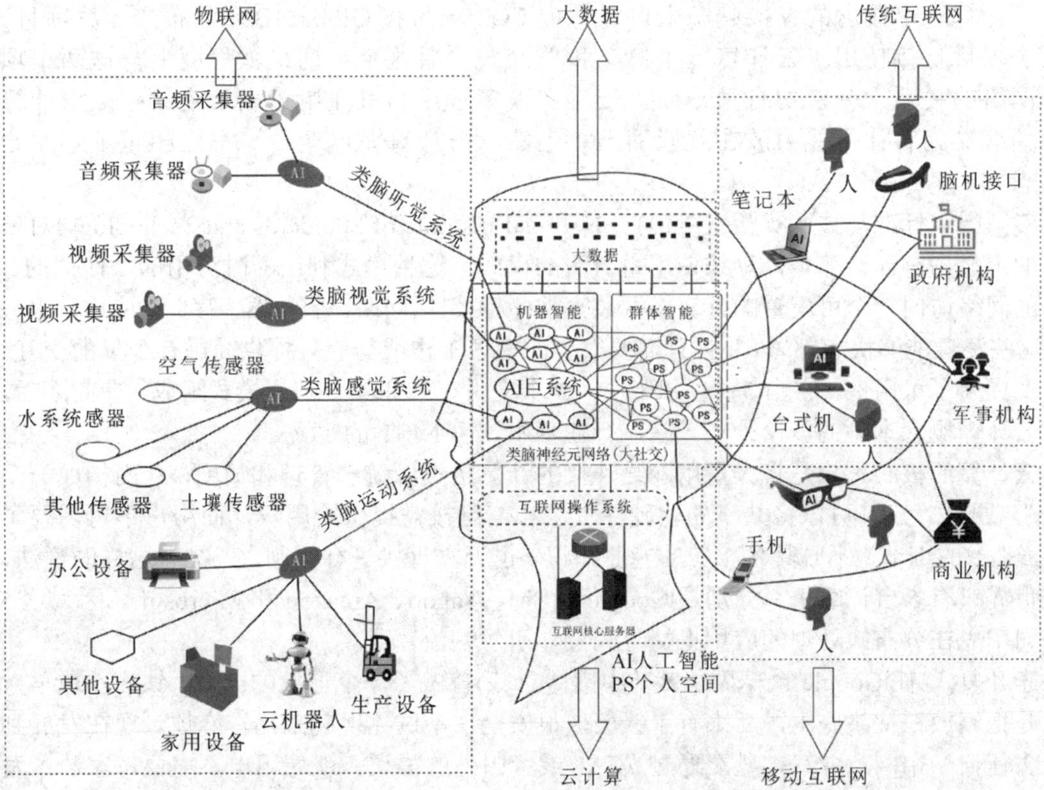

图 2-24　互联网、云计算、大数据、物联网关系图

从图 2-24 可以看出：物联网对应了互联网的感觉和运动神经系统；云计算是互联网的核心硬件层和核心软件层的集合，也是互联网中枢神经系统萌芽；大数据代表了互联网的信息层(数据海洋)，是互联网智慧和意识产生的基础。物联网、传统互联网、移动互联网在源源不断地向互联网大数据层汇聚和接收数据。

云计算(Cloud Computing)是分布式处理(Distributed Computing)、并行处理(Parallel Computing)和网格计算(Grid Computing)的发展。云计算被视为科技界的下一次革命，它将带来工作方式和商业模式的根本性改变。最早提出大数据时代到来的是全球知名咨询公司麦肯锡，麦肯锡称："数据，已经渗透到当今每一个行业和业务职能领域，成为重要的生产因素。人们对于海量数据的挖掘和运用，预示着新一波生产率增长和消费者盈余浪潮的到来。"大数据的全面感知、收集、分析和共享，为人们提供了一种全新的看待世界的方法。国际电信联盟 2005 年的一份报告中曾描绘了物联网时代的图景：当司机出现操作失误时汽车会自动报警；公文包会提醒主人忘带了什么东西；衣服会"告诉"洗衣机对颜色和水温的要求等。物联网把我们的生活拟人化了，万物成了人的同类。在这个物物相连的世界中，物品能够彼此进行"交流"而无需人的干预。可以说，物联网描绘的是智能化的世界。

2.5.1 云计算

1. 云计算的基本概念

云计算这个概念的直接起源来自亚马逊 EC2 产品和 Global IBM 分布式计算项目。这两个项目直接使用了云计算这个概念和单词。采用这个单词很大程度上与这两个项目和网络的关系十分密切有关，而"云"在很多示意图里面用于表示互联网，云计算的原始含义为将计算能力放在互联网上。当然，云计算发展至今，早已超越了它原始的概念。

美国国家标准与技术实验室(NIST，National Institute of Standards and Technology)对云计算的定义为：云计算是一种按使用量付费的模式，这种模式利用随时可用的、便捷的、按需的网络访问一个可配置的计算资源共享池(资源包括网络，服务器，存储，应用，服务等)，这些资源能够快速部署，并且只需要很少的管理工作或与服务提供商进行少量的交互。云计算提高了可用性，它由 5 个主要特点，3 个交付模式和 4 个部署模式组成。在此之后，关于云计算概念本身的争论少了一些，行业基本认可 NIST 的定义。

云计算的核心思想是将大量用网络连接的计算机资源统一管理和调度，从而构成一个"云"，通过"云"可以将共享的软硬件资源和信息按需提供给用户，而用户不再需要了解"云"中的细节，不必具备相应的专业知识，也无需直接进行控制。现在有这样的说法，当今世界只有 5 台计算机，分别是 Google、IBM、Yahoo、Amazon 和 Microsoft。因为这 5 个公司率先在分布式处理的应用上捷足先登，引领潮流。

李开复(曾任 Google 全球副总裁、中国区总裁)曾做了一个形象的比喻：钱庄。最早人们只是把钱放在枕头底下，后来有了钱庄，很安全，不过兑现起来比较麻烦。现在发展到可以去任何一个网点取钱，甚至通过 ATM 或者国外的渠道。就像用电不需要每家装备发电机，直接从电力公司购买一样。云计算带来的就是这样一种变革，由 Google、IBM 这样的专业网络公司来搭建计算机存储、运算中心，用户通过一根网线借助浏览器就可以很方便地访问，把“云”作为资料存储以及应用服务的中心。

云计算最典型的应用是基于 Internet 的各类业务。目前，许多世界知名公司已加入了云计算的研究行列，如图 2-25 所示，并成功推出了云计算应用案例。例如，Google 的搜索、在线文档 Google-Docs、基于 Web 的电子邮件系统 Gmail、微软的 MSN、Hotmail 和最新推出的必应(Bing)搜索；Amazon 的弹性计算云(EC2，Elastic Compute Cloud)和简单存储服务(S3，Simple Storage Service)业务等。

图 2-25　加入云计算行列的世界知名公司

2. 云计算的特点

(1) 超大规模：“云”具有相当大的规模。Google 云计算已经拥有 100 多万台服务器，Amazon、IBM、Microsoft、Yahoo 等的“云”均拥有几十万台服务器。企业私有“云”一般拥有数百上千台服务器。“云”能赋予用户前所未有的计算能力。

(2) 虚拟化：云计算支持用户在任意位置使用各种终端获取应用服务，所请求的资源来自“云”，而非固定的有形实体。应用在“云”中某处运行，但实际上用户无需了解、也不用担心应用所运行的具体位置，用户只需一台笔记本或一部手机，就可通过网络服务来实现为所需要的一切，甚至包括超级计算这样的任务。因此，云计算利用虚拟化技术，将资源分享给不同用户，而资源的放置、管理与分配策略对用户透明。

(3) 高可靠性：“云”使用了数据多副本容错技术、计算节点同构可互换等措施来保障服务的高可靠性，使用云计算比使用本地计算机更可靠。

(4) 通用性：云计算不针对特定的应用，在“云”的支撑下可以构造出千变万化的应用，同一个“云”可以同时支撑不同的应用运行。

(5) 高可扩展性：“云”的规模可以动态伸缩，来满足应用和用户规模增长的需求。

(6) 按需服务：“云”是一个庞大的资源池，用户可以按需购买，如像自来水、电和煤气等那样计费。

(7) 极其廉价：由于“云”的特殊容错措施，因此可以采用极其廉价的节点来构成“云”。

“云”的自动化集中式管理使大量企业无需负担日益高涨的数据中心管理成本，“云”的通用性使资源的利用率较传统系统大幅提升，因此用户可以充分享受“云”的低成本优势，经常只要花费几百美元、几天时间就能完成以前需要数万美元、数月时间才能完成的任务。

(8) 潜在的危险性：云计算服务除了提供计算服务外，还提供了存储服务。但是，云计算服务当前私人机构(企业)被垄断，而他们仅仅能够提供商业信用。政府机构、商业机构(特别像银行这样持有敏感数据的商业机构)选择云计算服务应保持足够的警惕。一旦政府和商业大规模使用私人机构提供的云计算服务，无论其技术优势有多强，都会不可避免地出现私人机构以“数据(信息)”的重要性挟制整个社会。对于信息社会而言，“信息”是至关重要的。另一方面，云计算中的数据对于数据所有者以外的其他用户是保密的。但对于提供云计算的商业机构而言，却毫无秘密可言。所有这些潜在的危险，是商业机构和政府机构选择云计算服务，特别是国外机构提供的云计算服务时，不得不考虑的一个重要前提。

3. 云的分类

从云计算部署的角度，可将云计算分为公共云、私有云和混合云，如图 2-26 所示。

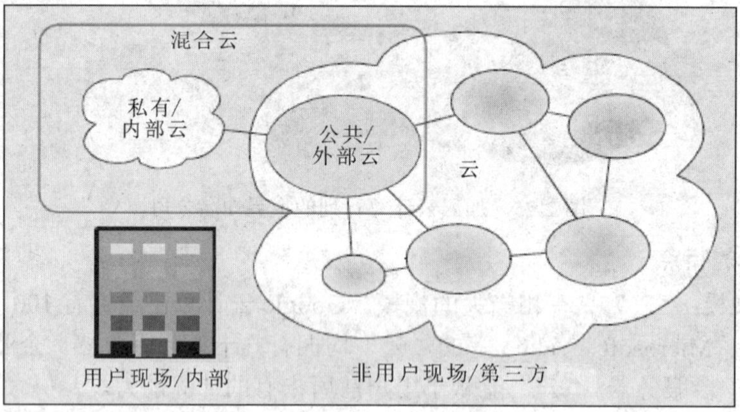

图 2-26　云的分类

1) 公共云

公共云(Public Cloud)或称外云，表示传统主流意义上的云计算，即非本地的第三方云服务提供商在 Internet 上通过 Web 应用或 Web 服务的方式为客户提供基于自助服务的精细化的共享资源，以及基于效用计算的精细化资源账单。

2) 私有云

私有云(Private Cloud)或称内云，是指一些厂商用来描述在其私有网内提供云计算服务的新词汇。这些虚拟化产品声称能够“交付有优点没有弱点的云计算服务”，主要关注数据安全、企业管理和可靠性方面。有批评指出用户“仍然需要购买、搭建和管理私有云”，不能在降低前端资本投资和减少管理方面受益，而恰恰是这个经济模型才成就了云计算这个奇妙的东西。

3) 混合云

混合云(Hybrid Cloud)由公共云和私有云组成，每种云仍然保持独立，但使用标准或专有的技术将它们组合起来，具有数据和应用程序的可移植性。

4. 云计算的体系架构

云计算可以按需提供弹性资源，它的表现形式是一系列服务的集合。结合当前云计算的应用与研究，其体系架构可分为核心服务、服务管理和用户访问接口这三层，如图 2-27 所示。

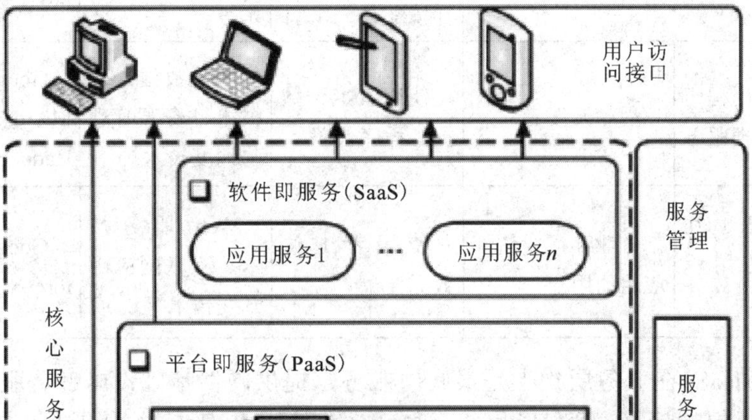

图 2-27 云计算体系架构

核心服务层将硬件基础设施、软件运行环境、应用程序抽象成服务，这些服务具有可靠性强、可用性高、规模可伸缩等特点，满足多样化的应用需求。服务管理层为核心服务提供支持，进一步确保核心服务的可靠性、可用性与安全性。用户访问接口层实现端到云的访问。

1) 核心服务层

云计算核心服务通常可以分为 3 个子层：基础设施即服务层(IaaS，Infrastructure as a Service)、平台即服务层(PaaS，Platform as a Service)、软件即服务层(SaaS，Software as a Service)。表 2-2 对 3 层服务的特点进行了比较。

表 2-2 IaaS、PaaS、SaaS 比较

服务类型	服务内容	服务对象	使用方式	关键技术	系统实例
IaaS	提供基础设施部署服务	需要硬件资源的用户	使用者上传数据、程序代码、环境配置	数据中心管理技术、虚拟化技术等	Amazon EC、Eucalyptus 等
PaaS	提供应用程序部署与管理服务	程序开发者	使用者上传数据、程序代码	海量数据处理技术、资源管理与调度技术等	Google App Engine、MicrosoftAzure、Hadoop 等
SaaS	提供基于互联网的应用程序服务	企业和需要软件应用的用户	使用者上传数据	Web 服务技术、互联网应用开发技术等	GoogleApps、Salesforce CRM 等

(1) IaaS：IaaS 在服务层次上是最底层服务，提供硬件基础设施部署服务，为用户按需提供实体或虚拟的计算、存储和网络等资源。在使用 IaaS 层服务的过程中，用户需要向 IaaS 层服务提供商提供基础设施的配置信息，运行于基础设施的程序代码以及相关的用户数据。由于数据中心是 IaaS 层的基础，因此数据中心的管理和优化问题近年来成为研究热点。另外，为了优化硬件资源的分配，IaaS 层引入了虚拟化技术。借助 Xen、KVM、VMware 等虚拟化工具，可以提供可靠性高、定制性强、规模可扩展的 IaaS 层服务。

(2) PaaS：PaaS 是云计算应用程序运行环境，提供应用程序部署与管理服务。通过 PaaS 层的软件工具和开发语言，应用程序开发者只需上传程序代码和数据即可使用服务，而不必关注底层的网络、存储、操作系统的管理问题。由于目前互联网应用平台(如 Facebook、Google、淘宝等)的数据量日趋庞大，PaaS 层应当充分考虑对海量数据的存储与处理能力，并利用有效的资源管理与调度策略提高处理效率。

(3) SaaS：SaaS 是基于云计算基础平台所开发的应用程序。企业可以通过租用 SaaS 层服务解决企业信息化问题，如企业通过 GMail 建立属于该企业的电子邮件服务，该服务托管于 Google 的数据中心，企业不必考虑服务器的管理、维护问题。对于普通用户来讲，SaaS 层服务将桌面应用程序迁移到互联网，可实现应用程序的泛在访问。

2) 服务管理层

服务管理层对核心服务层的可用性、可靠性和安全性提供保障。服务管理包括服务质量(QoS，Quality of Service)保证和安全管理等。

云计算需要提供高可靠、高可用、低成本的个性化服务。然而云计算平台规模庞大且结构复杂，很难完全满足用户的 QoS 需求。为此，云计算服务提供商需要和用户进行协商，并制定服务水平协议(SLA，Service Level Agreement)，使得双方对服务质量的需求达成一致。当服务提供商提供的服务未能达到 SLA 的要求时，用户将得到补偿。

此外，数据的安全性一直是用户较为关心的问题。云计算数据中心采用的资源集中式管理方式使得云计算平台存在单点失效问题。保存在数据中心的关键数据会因为突发事件(如地震、断电)、病毒入侵、黑客攻击而丢失或泄露。根据云计算服务特点，研究云计算

环境下的安全与隐私保护技术(如数据隔离、隐私保护、访问控制等)是保证云计算得以广泛应用的关键。

除了 QoS 保证、安全管理外，服务管理层还包括计费管理、资源监控等管理内容，这些管理措施对云计算的稳定运行同样起到重要作用。

3) *用户访问接口层*

用户访问接口实现了云计算服务的泛在访问，通常包括命令行、Web 服务、Web 门户等形式。命令行和 Web 服务的访问模式既可为终端设备提供应用程序开发接口，又便于多种服务的组合。Web 门户是访问接口的另一种模式。通过 Web 门户，云计算将用户的桌面应用迁移到互联网，从而使用户随时随地通过浏览器就可以访问数据和程序，提高工作效率。虽然用户通过访问接口可以使用便利的云计算服务，但是由于不同云计算服务商提供接口标准不同，导致用户数据不能在不同服务商之间迁移。为此，在 Intel、Sun 和 Cisco 等公司的倡导下，云计算互操作论坛(CCIF，Cloud Computing Interoperability Forum)宣告成立，并致力于开发统一的云计算接口(UCI，Unified Cloud Interface)，以实现“全球环境下，不同企业之间可利用云计算服务无缝协同工作”的目标。

5. 云计算为移动电子商务带来新机遇

中国工信部 2017 年 4 月 10 日印发《云计算发展三年行动计划(2017—2019 年)》。按照工信部统计口径，2015 年云计算产业规模 1500 亿元，计划到 2019 年我国云计算产业规模达到 4300 亿元，2015—2019 年云计算产业规模年复合增长率达 30%。由此可见，云计算应用于移动电子商务领域，将为众多移动电子商务企业的发展提供全新的技术基础和服务模式，尤其是中小企业将获得更廉价的资源，更广阔的发展前景和更完善的服务。云计算对移动电子商务的促进作用主要体现以下几个方面：

(1) 打破移动终端性能瓶颈。

移动商务对终端的运算能力、信息传递和处理能力都有较高要求，如果移动终端和移动通信网络无法高效、可靠地完成信息的传递和运算，那么移动电子商务就只是空谈。“云计算”恰恰解决了这些困扰，只要所有的移动终端都能顺利地接入“云”，信息处理、传递、安全等问题都将迎刃而解。运用“云计算”强大的计算、处理和传输能力，移动终端的性能瓶颈将被彻底打破。

(2) 提供全新的 IT 资源部署模式。

云计算移动电子商务模式将涵盖信息技术与服务、营销和管理等各个业务领域，提供移动电子商务交易的移动电子商务服务的综合性平台。云计算下的 IaaS、PaaS、SaaS 服务模式，让企业无需再投入大量的财力、人力和物力建设自身的信息中心，把这些工作都交给云计算服务商来为企业量身定制，企业因此可以专注于自身的核心业务。同时，云计算能让移动电子商务企业核心数据更加妥善、完整、安全地保存。

(3) 云计算提供安全的数据存储模式。

从事传统移动电子商务的中小企业的数据安全问题往往得不到保障。而在“云计算”模式下，其数据存储高度分散性、数据管理的高度集中性以及数据服务的高度虚拟化，将提供更加安全的数据服务。此时，数据被存储在分布于世界各个角落的“云”上，就连“云计算”的服务提供商都未必能确定你的数据到底在哪一朵或哪几朵“云”中。因此，企业就再也不用担心其服务器会被攻击等问题。与此同时，系统服务提供商的管理者还会对数据进行统一管理、分配资源、均衡负载、部署软件、控制安全，并进行可靠的安全实时监测。在某台服务器出现故障时，“云”中的服务器可在极短时间内快速利用克隆技术将数据完全拷贝到别的服务器上，并启动新的服务器以提供服务，以保证服务的完整性和安全性。

(4) 提供商业智能级的经营决策模式。

商业智能(BI，Business Intelligence)是一套完整的解决方案，用来将企业中现有的数据进行有效的整合，快速准确地提供报表并提出决策依据，帮助企业做出明智的业务经营决策。目前，大多数电子商务企业在商业智能领域遇到的困难主要来自以下几方面：

① 随着用户数量的增加，产生的海量数据要求有更加强大的数据存储和管理能力，更加需要强大的数据挖掘能力，才能帮助企业做出明确的商业决策；

② 随着需求的不断变化和应用的复杂化和多样化，对商业智能的实时性要求也越来越高。这就需要电子商务企业后台具有更加快速、高效、稳健的运行性能，同时还应该具有良好的扩展性；

③ 高成本也是制约电子商务企业发展商业智能的一个重要因素，尤其是中小电子商务企业。

“云计算”所提供的大型数据中心，具有海量数据存储、运算、分析和挖掘能力，为电子商务企业发展商业智能提供了良好的基础。而“租赁＋服务”的资源分配和交付模式，也为中小电子商务企业发展商业智能提供了巨大的成本优势。因此，可以说“云计算”为企业商业智能插上了腾飞的翅膀。

6. 云计算在移动电子商务中的应用

现阶段，将云计算运用于移动电子商务主要体现在电子外包服务的应用。移动电子商务企业通过“按需租赁”的方式向云计算提供商购买相关资源和服务，免去了初期建设和后期维护等方面的烦恼。同时，云服务提供商也能通过“云”为众多用户提供更深层的资源共享和技术外包服务。目前，基于“云计算”的移动电子商务模式构建将朝着以下几个方向发展：

1) 基于“供应链云”的全程移动电子商务模式

基于“供应链云”的移动电子商务模式依靠分布于全球范围的云构建的“供应链云”系统，实现以供应链管理为核心的全程移动电子商务模式，基本框架如图 2-28 所示。该模式分为三层：基础云平台层、基础云服务层和企业应用云层。各层的基本功能如下：

(1) 基础云平台层：主要由云计算服务供应商提供云计算的基础架构和平台建设，为移动电子商务企业提供使用云计算的基本环境和物理基础。对应于云计算的 IaaS 和 PaaS 服务。

(2) 基础云服务层：主要由应用开发商提供云计算的相关服务和公共应用接口，为移动电子商务企业提供所需的服务和软件。对应于云计算的 SaaS 和 PaaS 服务。

(3) 企业应用云层：这一层是企业开展全程移动电子商务的核心层，在这一层中，移动电子商务企业应用供应链管理的基本思想，重组企业核心业务流程，构建供应链管理系统，并利用已有的云计算平台和服务，整合企业资源，改善企业流程，合理分配权限，利用广泛的“供应链云”实现全程移动电子商务的最终目标。

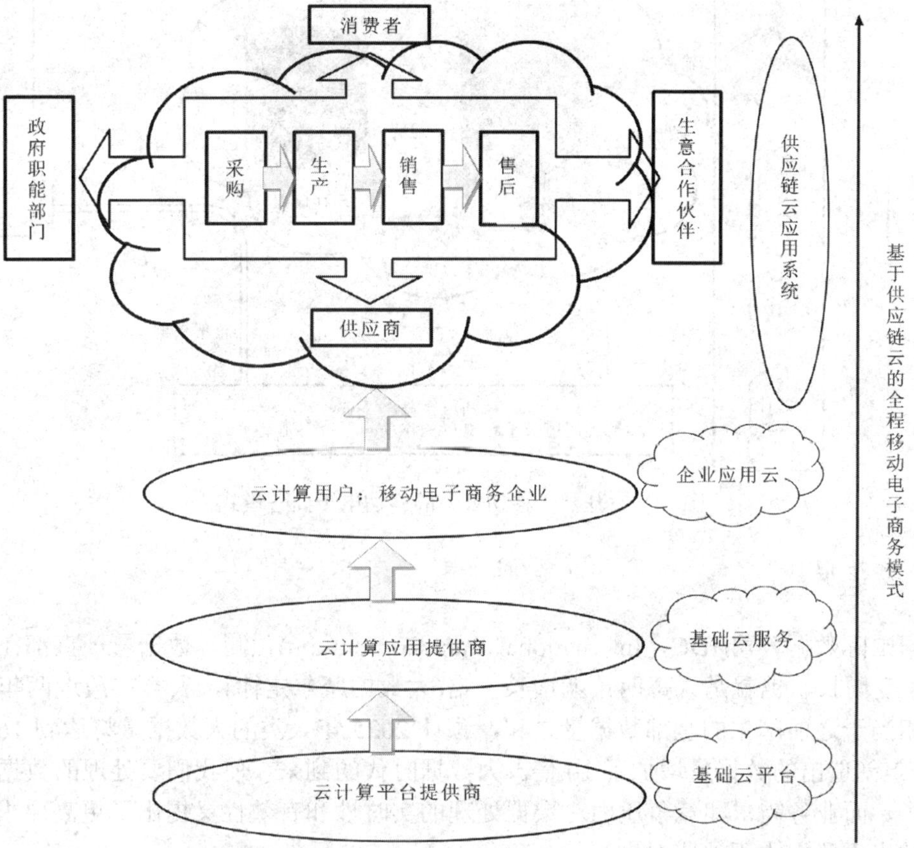

图 2-28　基于“供应链云”的全程移动电子商务模式

综上所述，从云计算平台供应商，到云计算应用开发商，再到云计算的使用者——移动电子商务企业，形成了一个全新的基于云计算的产业链。目前，诸如用友、金算盘、伟库等大型服务商都已经开始打造全程移动电子商务的服务系统，基于“供应链云”的全程移动电子商务已经进入了实践应用的阶段。

2) 基于“移动云”的移动电子商务模式

由于有了庞大的分布式“云”系统，其信息处理能力、运算效率等都会得到大幅度的提高，而云计算为我们提供的“按需分配”的服务模式和 5G 为我们带来的全新移动终端，将彻底打破移动电子商务存在的瓶颈。有了云计算，移动电子商务服务的安全问题将得到更好的保障，信息处理和数据传输也将变得更加简单。用户只要持有具备简单计算能力的移动终端，就可以随时随地接入为我们提供服务的“云”，及时安全地获得移动电子商务平台的相关服务。

基于“移动云”的移动电子商务模式，如图 2-29 所示。该模型的构建，既弥补了移动商务的局限性，又迎合了消费者的消费心理。该模式对移动终端的要求非常低，对电商企业的专业性门槛更低。最重要的是，该模式的低成本优势终将使消费者、移动电子商务企业和云服务提供商都获得最佳效益。

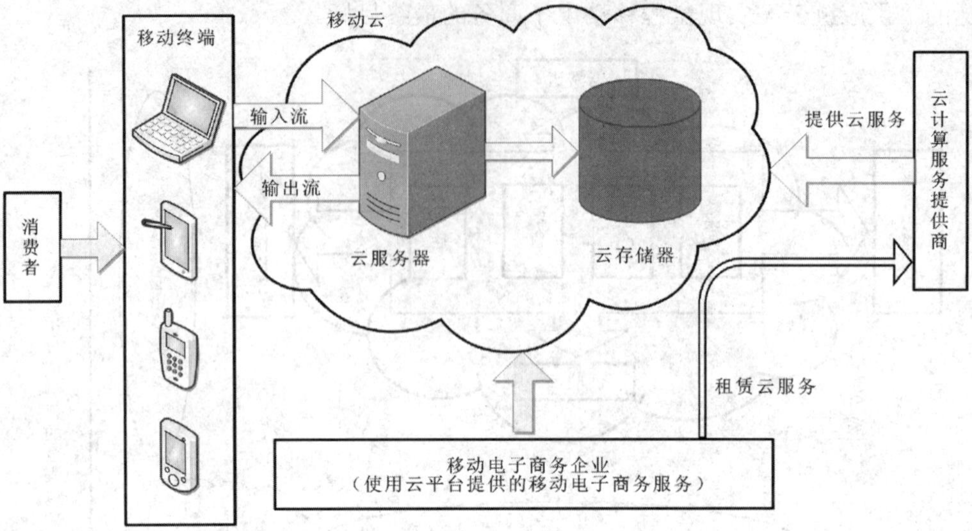

图 2-29　基于“移动云”的移动电子商务模式

2.5.2　大数据

根据国际数据公司(IDC，International Data Corporation)预测，数据量一直都在以每年50%的速度增长，也就是说每两年就增长一倍(大数据摩尔定律)，人类在最近两年产生的数据量相当于之前产生的全部数据量之和，预计 2025 年人类的大数据量将达到 163 ZB，比 2016 年创造出的数据量增加了 10 倍。大数据时代的到来，使我们要处理的数据量实在是太大了，而业务需求和竞争压力对数据处理的实时性和有效性又提出了更高要求，传统的常规技术手段根本无法应对。

1. 大数据的基本概念

大数据最早是由美国著名未来学家 Alvin Toffer 在《第三次浪潮》一书中提出，其将大数据赞颂为“第三次浪潮的华彩乐章”。大数据自提出至今并无统一的定义，由于大数据是相对概念，因此目前的定义都是对大数据的定性描述，并未明确定量指标。

研究机构 Gartner 认为：大数据需要新处理模式才能具有更强的决策力、洞察发现力和流程优化力来适应海量、高增长率和多样化的信息资产。

麦肯锡全球研究所给出的定义是：一种规模大到在获取、存储、管理和分析方面大大超出了传统数据库软件工具能力范围的数据集合，具有海量的数据规模(Volume)、快速的数据流转(Velocity)、多样的数据类型(Variety)和价值密度低(Value)四大特征。

随着人类活动的进一步扩展，数据规模会急剧膨胀，包括金融、汽车、零售、餐饮、电信、能源、政务、医疗、体育、娱乐等在内的各行业累积的数据量越来越大，数据类型也越来越多、越来越复杂，如图 2-30 所示，已经超越了传统数据管理系统处理模式的能力范围，于是“大数据”这个概念应运而生。

在大数据时代，“万物皆数”，“量化一切”，“一切都将被数据化”。人类生活在一个海量、动态、多样的数据世界中，数据无处不在、无时不有、无人不用，数据就像阳光、空气、水分一样常见，好比放大镜、望远镜、显微镜那般重要。大数据通过海量数据来发现事物之间的相关关系，通过数据挖掘从海量数据中寻找蕴藏其中的数据规律，并利用数据之间的相关关系来解释过去、预测未来，从而用新的数据规律补充传统的因果规律。

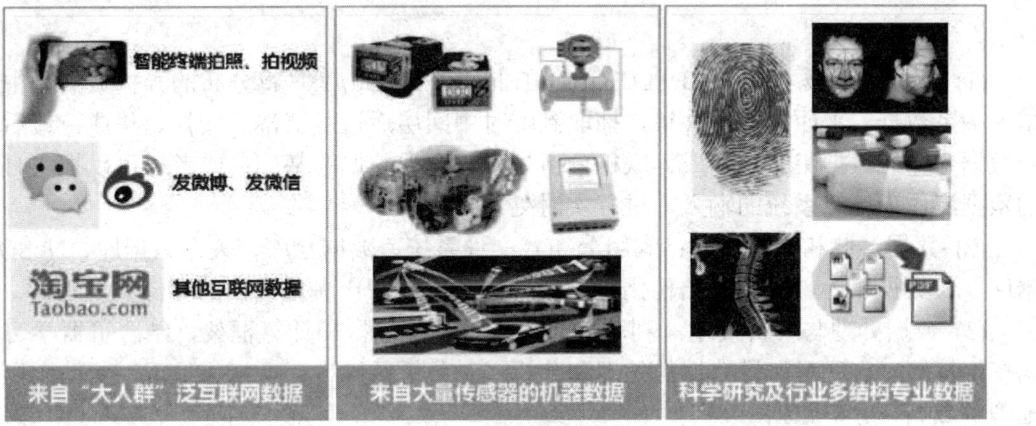

图 2-30　大数量来源

2. 大数据特点

(1) 容量(Volume)：从 2013 年至 2020 年，人类的数据规模将扩大 50 倍，每年产生的数据量将增长到 44 万亿 GB，相当于美国国家图书馆数据量的数百万倍，且每 18 个月翻一番。

(2) 速度快(Velocity)：随着现代感测、互联网、计算机技术的发展，数据生成、储存、分析、处理的速度远远超出人们的想象力，这是大数据区别于传统数据或小数据的显著特征。在大数据处理速度方面，有一个著名的“1 秒定律”，即要在秒级时间范围内给出分析结果，超出这个时间，数据就失去价值了。例如，利用数据对海啸等突发性灾害的监测等。

(3) 种类多(Variety)：大数据与传统数据相比，数据来源广、维度多、类型杂，它由结构化和非结构化数据组成。10%的结构化数据，存储在数据库中；90%的非结构化数据，与人类信息密切相关。例如，各种机器仪表在自动产生数据的同时，人自身的生活行为也在不断创造数据；不仅有企业组织内部的业务数据，还有海量相关的外部数据。

(4) 价值高(Value)：大数据有巨大的潜在价值，但同其呈几何指数爆发式增长相比，某一对象或模块数据的价值密度较低，这无疑给我们开发海量数据增加了难度和成本。以视频为例，在连续不断的监控过程中，可能有用的数据仅仅有一两秒，但是具有很高的商业价值。

(5) 真实性高(Veracity)：随着社交数据、企业内容、交易与应用数据等数据源成为移动电子商务时代企业的兴奋点，传统数据源的局限被打破，企业愈发需要有效的数据信息，以确保其真实性和安全性。

(6) 灵活性(Vitality)：大数据时代，信息具有高度的敏感性、快速性和灵活性，一篇博文、一条微博、一个链接就能很“灵活”地把所见所闻传播出去。信息的灵活性，使得数据结构在“量”上变得更为复杂，给人们有效“捕捉准确而有价值的信息”增加了难度。

(7) 可视性(Visualization)：海量数据经过抽取、加工、提炼，通过可视化方式展示出来，改变传统的文字描述识别模式，让决策者更高效地掌握重要信息和了解重要细节，这关系到企业重大决策的制定和发展方向的研判。

(8) 合法性(Validity)：强调数据采集和应用的合法性，特别是对于个人隐私数据的合理使用。

3. 大数据技术

(1) 数据采集技术：利用 ETL(Extract-Transform-Load)工具将分布的异构数据源中的数据如关系数据、平面数据文件等，抽取到临时中间层后进行清洗、转换、集成，最后加载到数据仓库或数据集市中，成为联机分析处理、数据挖掘的基础；或者也可以把实时采集的数据流作为计算系统的输入，进行实时处理分析。

(2) 数据存储和管理技术：利用分布式文件系统、数据仓库、关系数据库、NoSQL 数据库、云数据库等，实现对结构化、半结构化和非结构化海量数据的存储和管理。

(3) 数据处理与分析技术：利用分布式并行编程模型和计算框架，结合机器学习和数据挖掘算法，实现对海量数据的处理和分析；对分析结果进行可视化呈现，帮助人们更好地理解数据、分析数据。

(4) 数据隐私和安全技术：在从大数据中挖掘潜在的巨大商业价值和学术价值的同时，构建隐私数据保护体系和数据安全体系，有效保护个人隐私和数据安全。

4. 大数据产业

大数据产业是指一切与支撑大数据组织管理和价值发现相关的企业经济活动的集合，其产业链环节如表 2-3 所示。

表 2-3　大数据产业

产业链环节	包 含 内 容
IT 基础设施层	包括提供硬件、软件、网络等基础设施以及提供咨询、规划和系统集成服务的企业。比如，提供数据中心解决方案的 IBM、惠普和戴尔等，提供存储解决方案的 EMC，提供虚拟化管理软件的微软、思杰、SUN、Redhat 等
数据源层	大数据生态圈里的数据提供者，是生物大数据(生物信息学领域的各类研究机构)、交通大数据(交通主管部门)、医疗大数据(各大医院、体检机构)、政务大数据(政府部门)、电商大数据(淘宝、天猫、苏宁、京东等电商)、社交网络大数据(微博、微信、人人网等)、搜索引擎大数据(百度、谷歌等)等各种数据的来源
数据管理层	包括数据抽取、转换、存储和管理等服务的各类企业或产品。比如分布式文件系统(如 Hadoop 的 HDFS 和谷歌的 GFS)、ETL 工具(Informatica、Datastage、Kettle 等)、数据库和数据仓库(Oracle、MySQL、SQL Server、HBase、GreenPlum 等)等
数据分析层	包括提供分布式计算、数据挖掘、统计分析等服务的各类企业或产品。比如，分布式计算框架 MapReduce、统计分析软件 SPSS 和 SAS、数据挖掘工具 Weka、数据可视化工具 Tableau、BI 工具(MicroStrategy、Cognos、BO)等
数据平台层	包括提供数据分享平台、数据分析平台、数据租售平台等服务的企业或产品。比如阿里巴巴、谷歌、中国电信、百度等
数据应用层	提供智能交通、智慧医疗、智能物流、智能电网等行业应用的企业、机构或政府部门。比如交通主管部门、各大医疗机构、菜鸟网络、国家电网等

2.5.3　物联网

1999 年，美国麻省理工学院 Auto-ID 中心的 Ashton 教授在研究射频识别(RFID，Radio Frequency Identification)时最早提出了“物联网”(Internet of things)概念。随着技术的创新，互联网和信息产业的快速发展，“物联网”已经形成一定的市场规模，目前已遍及智能交通、智能电网、精细农业、环境保护、政府工作、公共安全、平安家居、智能消防、工业监测、老人监护及个人健康等多个领域。

1. 物联网的基本概念

物联网作为一种新生事物，其发展还很不成熟，其内涵并没有完善，到目前为止对于物联网的定义还没有一个统一的描述。

目前比较流行，能够被各方所接受的物联网定义为：通过射频识别、红外感应器、全球定位系统、激光扫描器等信息传感设备对物品进行识别，获取有用信息，然后按约定的协议，通过网络传输，实现人与人、人与物、物与物在任何时间、任何地点的连接，从而进行信息交换和通信，以实现智能化识别、定位、跟踪、监控和管理的一种网络。其目的是让所有的物品都与网络连接在一起，方便识别和管理，例如图 2-31 所示。

图 2-31　物联网示意图

用通俗的话来讲，物联网就是让所有的东西都“连”起来，关键要有三件东西：感应处理终端、传输通道和控制处理平台。这样就可以让本来没有生命的东西能“感应”并“处理”信息，通过传输的网络传送到指定的地方或人那里，反过来还可以进行控制和指挥。无线城市就是通过目前的蜂窝通信网络，辅助以无线热点(WLAN)的覆盖，达到城市中的无缝覆盖，所有终端包括手机、电脑、感应器等无线设备都可以随时随地接入网络。

物联网把我们的生活拟人化了，万物成了人的同类。在这个物物相联的世界中，物品能够彼此进行“交流”而无需人的干预。可以说，物联网描绘的是智能化的世界。在物联网的世界里，物物相连、天罗地网。

2. 物联网体系结构

物联网应该具备三个特征：一是全面感知，即利用 RFID、传感器、二维码等随时随地获取物体的信息；二是可靠传递，通过各种电信网络与互联网的融合，将物体的信息实时准确地传递出去；三是智能处理，利用云计算、模糊识别等各种智能计算技术，对海量数据和信息进行分析和处理，对物体实施智能化的控制。因此，物联网体系结构由三个层次构成：感知层、网络层和应用层，如图 2-32 所示。感知层相当于人体的皮肤和五官，网络层相当于人体的神经中枢和大脑，应用层相当于人的社会分工。

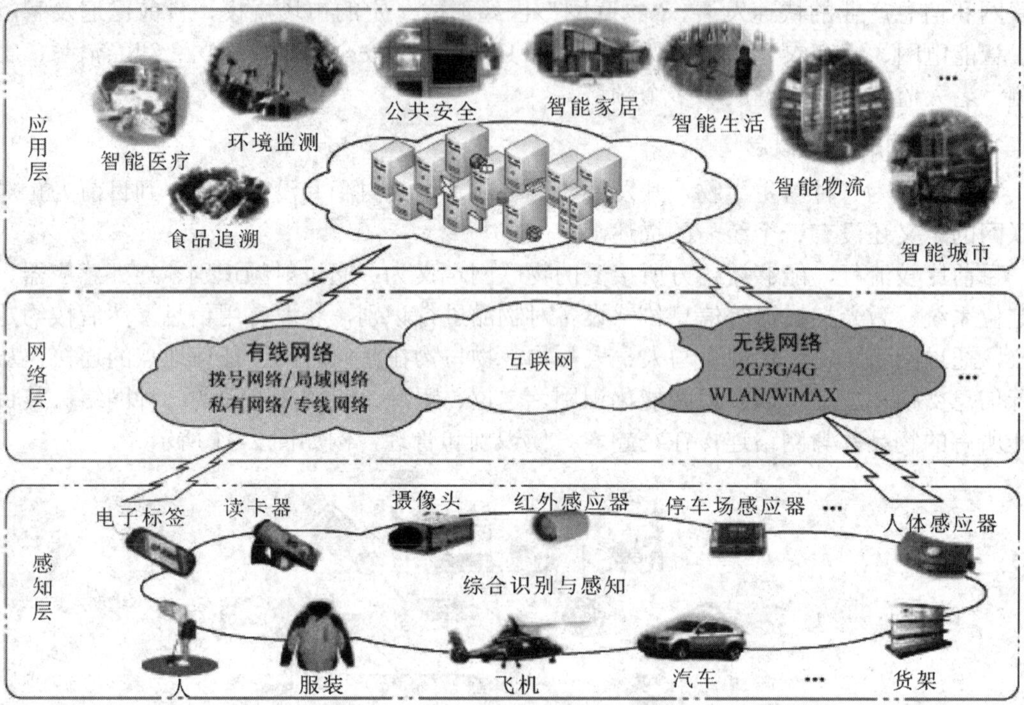

图 2-32　物联网体系结构

1) *感知层*

感知层解决的是人类世界和物理世界的数据获取问题。它首先通过传感器、数码相机等设备，采集外部物理世界的数据，然后通过射频识别、条码、工业现场总线、蓝牙、红外等短距离传输技术传递数据。感知层所需要的关键技术包括射频识别技术、传感器技术、电子编码技术、ZigBee 技术、蓝牙技术及短离距离无线通信技术等。

2) *网络层*

网络层解决的是感知层所获取的数据在一定范围内，通常是长距离的传输问题。因此，物联网的网络层有时候又称传输层。物联网网络层是指各种通信网络与互联网形成的融合网络，综合使用了 2G/3G/4G/5G、有线宽带、PSTN、WiFi 等通信技术以及物联网网络服务支撑平台，实现了有线和无线的结合、宽带与窄带的结合、传感网与通信网的结合。网络层所需要的关键技术包括长距离有线和无线通信技术、网络技术等。

目前移动运营商均利用已有的 2G/3G/4G/5G 网络为物联网用户提供服务，物联网终端与手机终端使用相同的移动台国际用户识别码(MSISDN，Mobile Subscriber International ISDN Number)和国际移动用户识别码(IMSI，International Mobile Subscriber Identification Number)，其签约信息与手机用户混存在现有网络的归属位置寄存器 HLR 中。物联网终端通过 2G/3G/4G/5G 网、核心网、短消息中心、行业网关与物联网应用平台互通来使用业务。一些运营商为提高物联网业务质量、解决纯通道模式面临的部分问题，在网中部署了 M2M 平台，该平台处于网关 GPRS 支持节点(GGSN，Gateway GPRS Support Node)、行业网关与物联网应用平台之间，通过该平台实现对终端的管理等功能。

3) 应用层

应用层就是接收网络层传递来的数据信息，通过分析、建模，形成人所需的信息，并执行一些处理的行为。主要有两个功能，一个功能是接受网络层传递过来的数据信息；另一个功能是处理信息以及人机交互。因此，应用层还可以分为服务支撑层和应用子集层。服务支撑层的主要功能是根据底层采集的数据，形成与业务需求相适应、实时更新的动态数据资源库。应用子集层的主要功能是根据业务需求不同，对业务、服务、数据资源、“共性”支撑、网络和感知层的各项技术进行裁剪，形成不同的解决方案。

如果从应用层的角度来看物联网，物联网可以看作是一个基于通信网、互联网或专用网络并以提高物理世界的运行、管理、资源使用效率等水平为目标的大规模信息系统。

3. 物联网关键技术

物联网中的关键技术包括 RFID、WSN 网络、M2M 平台等。

1) RFID

RFID 系统是由读写器、电子标签及应用系统(中间件及应用软件)三个部分组成，其基本模型如图 2-33 所示。RFID 系统的基本工作原理：当电子标签进入读写器的电磁场后，接收由读写器发出的射频信号，凭借感应电流所获得的能量发送出存储在其芯片中的产品信息(无源电子标签)，或者主动发送某一频率的信号(有源电子标签)，然后读写器读取信息并解码后，送至应用系统进行数据处理。电子标签与读写器之间通过耦合元件实现射频信号的非接触的空间耦合。在耦合通道内，根据时序关系，实现能量的传递和数据的交换。RFID 系统主要应用在超市仓储管理系统、飞机场的行李自动分类系统等。

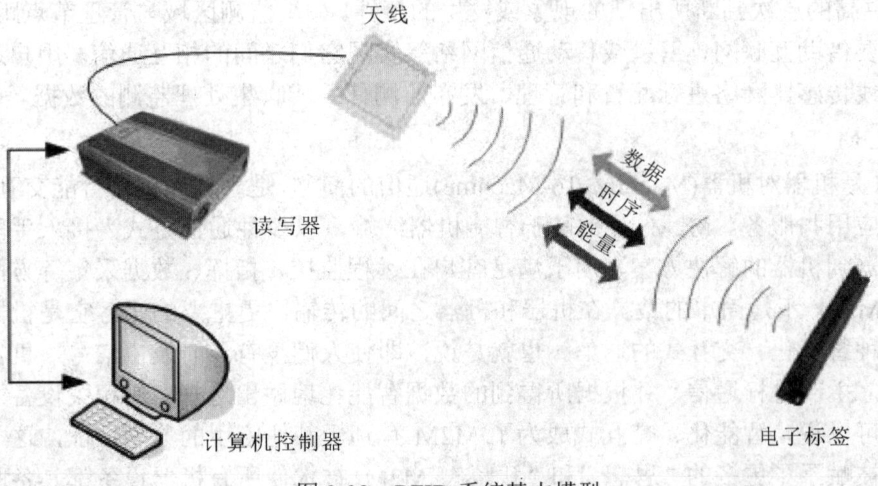

图 2-33　RFID 系统基本模型

2) 无线传感器网络

无线传感器网络(WSN，Wireless Sensor Network，)是继 Internet 后的将对人类生活方

式发生重大影响的综合技术。Internet 改变了人与人之间的交流、通信和沟通方式，而无线传感器网络是将信息世界与物理世界融合在一起，从而改变人与自然的交互模式。

无线传感器网络是由部署在监测区域内大量的微型传感器节点通过无线通信方式形成的一个多跳、自组织的网络系统，其目的是协作地感知、采集和处理网络覆盖区域中被监测对象的信息，并发送给观察者。

无线传感器网络系统通常由传感器节点(Sensor Node)、汇聚节点(Sink Node)和管理节点(Manager Node)组成，其系统结构如图 2-34 所示。

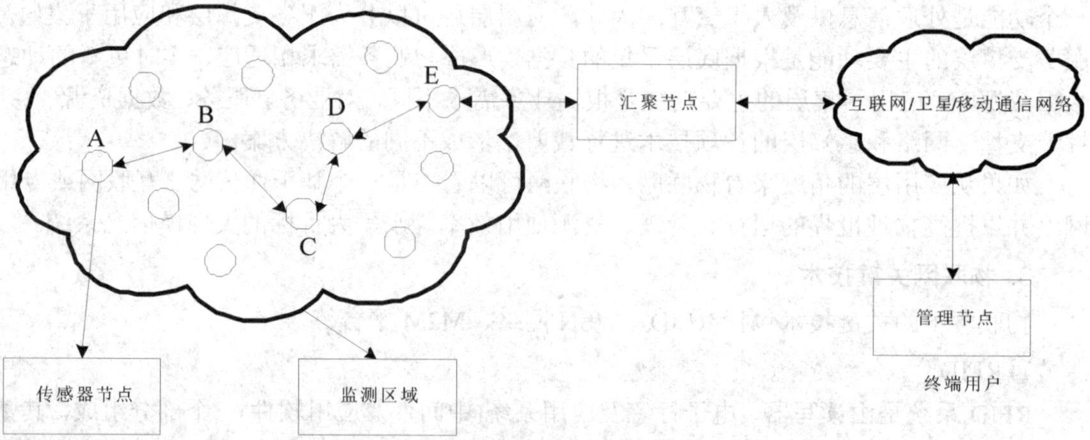

图 2-34　无线传感器网络系统结构

在图 2-34 中，A-E 为分布式无线传感器节点群，这些传感器节点被随机布设在整个监测区域内，节点之间通过自组织的方式形成网络。每个传感器节点既是信息的发起者，也是信息的转发者，通过附近的节点以多跳中继的方式将所监测到的数据发送到汇聚节点。监测到的数据在向汇聚节点传递的过程中，可能需要在中继转发节点作数据融合处理，以压缩需要传输的数据量或提高信息的精度和可信度，或对多个原始数据进行归纳、汇总与推理，从更高的层次判断所出现的现象或发生的事件。如果监测区域与管理节点距离较远，通常就需要借助互联网、卫星或移动通信网络等实现它们之间的相互通信。用户通过管理节点对无线传感器网络进行配置和管理、发布监测任务或收集处理监测的数据。

3) M2M

M2M 是机器对机器(Machine-To-Machine)通信的简称，是一种以机器智能交互为核心、网络化的应用与服务。M2M 是指基于智能机器终端，以多种通信方式为接入手段，为客户提供机器到机器的解决方案，用于满足客户在远程监控、指挥、数据采集等方面的信息化需求。M2M 不是简单的数据在机器和机器之间的传输，更重要的是，它是机器和机器之间的一种智能化、交互式的通信。也就是说，即使人们没有实时发出信号，机器也会根据既定程序主动进行通信，并根据所得到的数据智能化地做出选择，对相关设备发出正确的指令。可以说，智能化、交互式成为了 M2M 有别于其他应用的典型特征，这一特征下的机器也被赋予了更多的“思想”和“智慧”。M2M 技术使所有机器设备都具备联网和通信能力，它让机器、人与系统之间实现超时空的无缝连接。

从智慧地球到感知中国，无论物联网的概念如何扩展和延伸，其最基本的物物之间感知和通信是不可替代的关键技术。也可以说，现阶段各种形式的物联网业务中最主要、最现实的形态是 M2M 业务，其主要原因在于，M2M 业务所基于的数据传输网络是在广阔范围内覆盖的，但 M2M 技术只是物联网的一个点或者一条线，彼此孤立的 M2M 并不能形成物联网。只有当 M2M 规模化、普及化，并彼此之间通过网络实现智能的融合和通信后，才能形成物联网。总之，M2M 技术是物联网实现的关键，是无线通信和信息技术的整合，用于双向通信，适用范围较广，可以结合 GSM/GPRS/UMTS 等远距离传输技术，同样也可以结合 WiFi、Bluetooth、ZigBee、REID 和 UWB 等近距离传输技术，应用在各种领域。图 2-35 是 M2M 与物联网关系示意图。

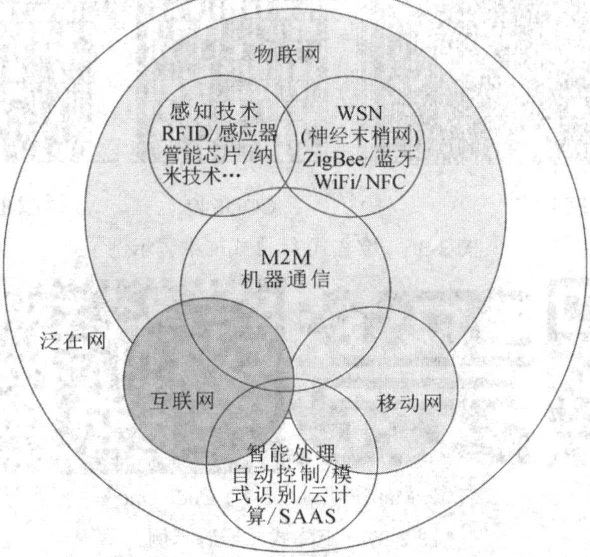

图 2-35　M2M 与物联网关系示意图

实训项目 2　二维码制作

实训目标

(1) 了解二维码的基础知识。
(2) 掌握二维码制作方法。

实训环境

(1) 连接 Internet 的个人计算机，安装 Windows 7 或 Windows 10 操作系统。
(2) Android 或 iOS 智能手机，开通 4G/5G 网络或 WiFi。

实训背景知识

二维码(2-Dimensional Bar Code)是用某种特定的几何图形按一定规律在平面(二维方向上)分布的黑白相间的图形记录数据符号信息的；在代码编制上巧妙地利用构成计算机内

部逻辑基础的“0”、“1”比特流的概念，使用若干个与二进制相对应的几何形体来表示文字数值信息，通过图象输入设备或光电扫描设备自动识读以实现信息自动化处理。

二维码可以分为堆叠式/行排式二维码和矩阵式二维码两类。堆叠式/行排式二维码形态上是由多行短截的一维条码堆叠而成，有代表性的堆叠式/行排式二维码包括 PDF417、Code49、Code16K 等，如图 2-36 所示；矩阵式二维码以矩阵的形式组成，在矩阵相应元素位置上用“点”(方点、圆点或其他形状)表示二进制“1”，用“空”(点不出现)表示二进制“0”，“点”和“空”的排列组成代码，代表性的矩阵式二维条码包括 QRCode、DataMatrix、CodeOne、MaxiCode 等，如图 2-37 所示。

PDF417　　CODE49　　CODE16K

图 2-36　堆叠式/行排式二维码示例

QR CODE　　Date Matrix　　Code One　　Maxi Code

图 2-37　矩阵式二维码示例

随着移动电子商务企业越来越多地进行线上线下并行的互动，二维码已经成为移动电子商务企业进行营销的重要载体，给消费者带来更便捷和更快速的消费体验，成为移动电子商务平台连接线上与线下的一个新通路，下面列举其一些典型应用：

- 信息获取：用户扫码，即可获得名片、地图、WiFi 密码等资料。
- 网站跳转：用户扫码，即可跳转到微博、微信、网站或 APP 上。
- 广告推送：用户扫码，可直接浏览商家推送的视频、音频广告等。
- 手机电商：用户扫码、可直接购物下单。
- 防伪溯源：用户扫码、即可查看商品生产地、加工、运输和销售等信息。
- 优惠促销：用户扫码，可下载电子优惠券或抽奖。
- 会员管理：用户扫码，可获取电子会员信息、VIP 服务。
- 手机支付：用户扫码，可利用移动支付功能对现实交易进行结算。

实训内容

1. 制作文本二维码

(1) 打开网页浏览器，输入网址“http://www.liantu.com”，进入联图网站页面。

(2) 在左侧导航栏单击图标，然后在文本输入框中输入文本内容，这里输入“我的二维码”。输入完成后，将自动在网页右侧生成相应文本的二维码，如图 2-38 所示。若想对二维码美化，设计个性化的二维码图案，可在二维码图片下方的设置区域进行参数设置。

图 2-38　制作文本二维码

(3) 点击“保存图片”按钮保存二维码图片。

(4) 用手机微信的“扫一扫”功能扫描该二维码，扫描显示结果如图 2-39 所示。

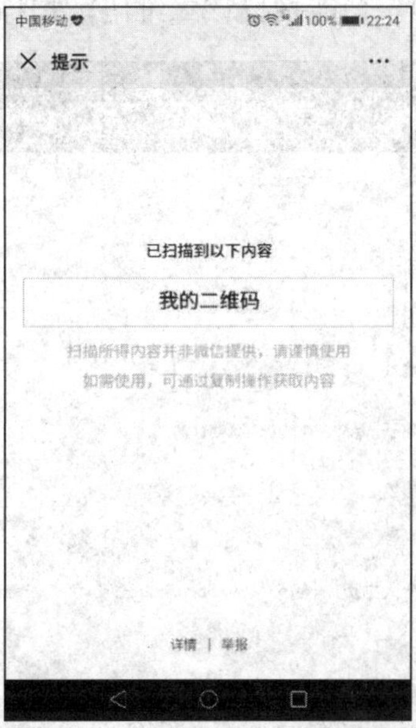

图 2-39　手机扫描后还原的文本信息

2. 制作名片二维码

(1) 打开网页浏览器，输入网址“http://www.liantu.com”，进入联图网站页面。

(2) 在左侧导航栏单击图标，然后在“输入联系人信息”区域按照格式要求输入联系人个人信息。输入完成后，将自动在网页右侧生成相应联系人的个人名片信息的二维码，如图 2-40 所示。若想对二维码美化，设计个性化的二维码图案，可在二维码图片下方的设置区域进行参数设置。

图 2-40　制作名片二维码

(3) 点击“保存图片”按钮保存二维码图片。

(4) 用手机微信的“扫一扫”功能扫描该二维码，扫描显示结果如图 2-41 所示。

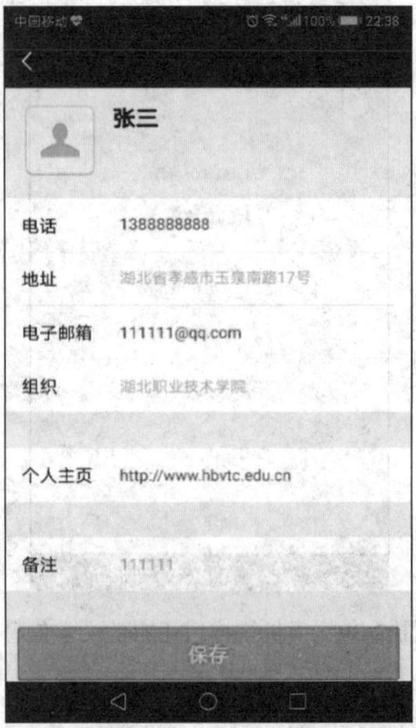

图 2-41　手机扫描后还原的名片信息

3. 制作网址二维码

(1) 打开网页浏览器，输入网址“http://www.liantu.com”，进入联图网站页面。

(2) 在左侧导航栏单击图标 ，然后在“输入 URL 网址”区域按照格式要求输入网址。这里输入天猫首页的网址“http://www.tmall.com”。输入完成后，将自动在网页右侧生成相应网址信息的二维码，如图 2-42 所示。若想对二维码美化，设计个性化的二维码图案，可在二维码图片下方的设置区域进行参数设置。

图 2-42　制作网址二维码

(3) 点击“保存图片”按钮保存二维码图片。

(4) 用手机微信的“扫一扫”功能扫描该二维码，扫描显示结果如图 2-43 所示。

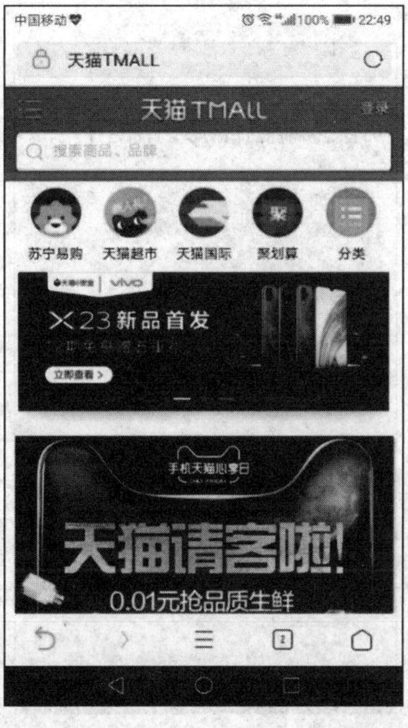

图 2-43　手机扫描后跳转到链接页面

4. 制作 WiFi 账号二维码

(1) 打开网页浏览器，输入网址“http://www.liantu.com”，进入联图网站页面。

(2) 在左侧导航栏单击图标 ，然后在“输入 WiFi 账号信息”区域中输入 WiFi 账号信息。输入完成后，将自动在网页右侧生成相应网址信息的二维码，如图 2-44 所示。若想对二维码美化，设计个性化的二维码图案，可在二维码图片下方的设置区域进行参数设置。

图 2-44　制作 WiFi 账号二维码

(3) 点击“保存图片”按钮保存二维码图片。

(4) 用手机微信的“扫一扫”功能扫描该二维码，扫描后将自动跳转百度地图，如图 2-45 所示。

图 2-45　手机扫描后生成 WiFi 账号信息

5. 制作地图信息二维码

(1) 打开网页浏览器，输入网址“http://www.liantu.com”，进入联图网站页面。

(2) 在左侧导航栏单击图标📍，然后在“选择地理位置”区域中的地图中，选择某一个地点进行标注。这里选中的是孝感市一所大学“湖北职业技术学院”。输入完成后，将自动在网页右侧生成相应网址信息的二维码，如图 2-46 所示。若想对二维码美化，设计个性化的二维码图案，可在二维码图片下方的设置区域进行参数设置。

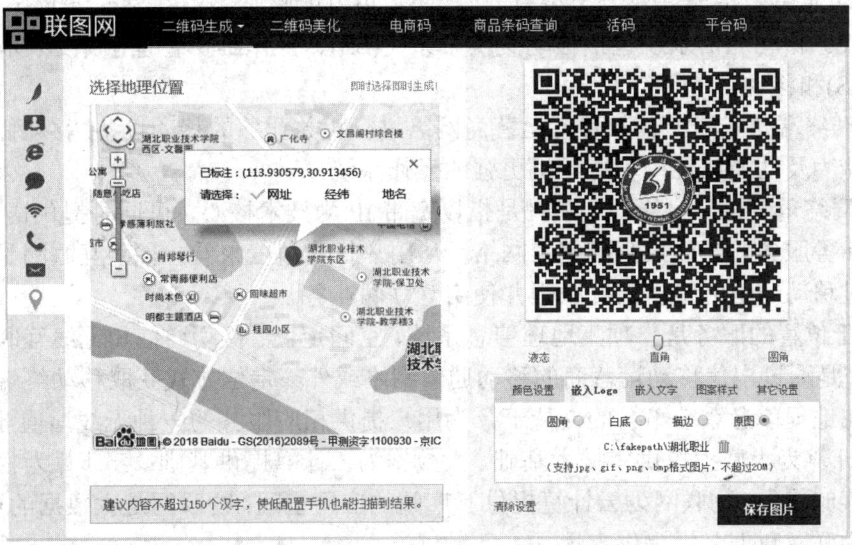

图 2-46　制作地图信息二维码

(3) 点击“保存图片”按钮保存二维码图片。

(4) 用手机微信的“扫一扫”功能扫描该二维码，扫描后将自动跳转百度地图，如图 2-47 所示。

图 2-47　手机扫描后跳转到百度地图链接页面

项 目 小 结

➢ 本项目主要介绍移动通信技术、移动终端与移动操作系统、移动互联网技术、基于位置的服务技术、云计算、大数据与物联网技术等移动电子商务关键技术。

➢ 移动通信是指通信双方至少有一方在移动中(或临时停留在某一非预定的位置上)的通信方式。移动通信系统包括移动交换子系统(SS)、操作维护管理子系统(OMS)、基站子系统(BSS)和移动台(MS)。

➢ 移动终端是指能够接入移动运营商网络进行相关业务的移动设备。移动操作系统是一种运算能力及功能比传统功能手机更强的操作系统。

➢ 从网络角度来看，移动互联网是指以宽带 IP 为技术核心，可同时提供语音、数据、多媒体等业务服务的开放式基础电信网络；从用户行为角度来看，移动互联网是指采用移动终端通过移动通信网络访问互联网并使用互联网业务。

➢ 基于位置的服务是一项集地理信息系统、空间定位、移动通信和无线互联网等技术的综合体，是通过电信移动运营商的移动通信网络或外部定位方式获取移动终端用户的位置信息，在地理信息系统平台的支持下，为用户提供相应服务的一种无线增值业务。

➢ 云计算为大数据提供了技术基础，大数据为云计算提供基础；云计算为物联网提供海量数据存储能力，物联网为云计算提供了广阔的应用空间；物联网是大数据的重要来源，大数据为物联网数据分析提供支撑。

项目 3

移动电子商务运营模式

引导案例

随着移动电子商务用户的不断增加，网络零售市场交易金额也在持续不断增长。根据 iMedia Research(艾媒咨询)发布的《2018 年上半年中国移动电商行业监测报告》数据显示，2018 年中国网络零售市场交易额为 90 065 亿元，其中移动端交易额达 57 370 亿元，相比 2013 年的移动端交易额增长了近 21 倍。

根据中商情报网数据，2020 年天猫“双 11”全球交易额达 4982 亿元，其中超过 90% 来自移动端。2020 年是天猫“双 11”活动举办的第 12 年。这 12 年不仅是阿里巴巴从当时的淘宝商城发展成为如今的阿里巴巴生态经济体的 12 年，也是中国电子商务行业群雄并起、风起云涌的 12 年，更是我国人均 GDP 快速增长的 12 年。

本项目将带领大家一起了解移动电子商务主要运营模式的相关知识。移动电子商务的运营模式是什么？它包括什么内容？

任务 3.1　B2B 移动电子商务模式

任务情景

找钢网是国内率先成立的钢铁全产业链电商平台，成立于 2012 年，经过快速发展，现已成为国内产业互联网的领军企业。截至 2020 年年底，找钢网累计合作钢厂已超 110 家，合作大型供应商超 8000 家，提供超过 40 多万种不同规格型号的钢材产品，以满足遍布全国的 13 多万家注册用户的交易需求。找钢网 APP 是找钢网的官方移动钢铁交易平台，提供了丰富的钢材商品、钢材价格查询、日常交易数据、最新行业信息、限时购活动专区等，可以进行高效的钢材管理。找钢网 APP 是典型的 B2B 移动电子商务模式的代表，其 APP 首页界面如图 3-1 所示。

本任务将带领大家一起学习 B2B 移动电子商务模式的相关知识。

图 3-1　找钢网移动端首页

知识链接

移动电子商务模式既包括商务运营方式，也包括商务盈利模式。商务运营的最终目的是为企业带来稳定的营收，企业只有实现盈利，才能持续发展。B2B 是移动电子商务模式的其中一种。

3.1.1　B2B 移动电子商务的基本概念

B2B(也可写成 BTB)移动电子商务是指企业与企业之间通过移动网络或终端进行信息交互和服务交易的模式。

B2B 移动电子商务模式的特点如下：

(1) B2B 移动电子商务的交易双方能够在网上完成整个业务流程，交易操作相对规范化、标准化、流程化，大大降低了企业的经营成本，提高了工作效率。

(2) B2B 移动电子商务平台可以使采购过程更透明，有利于提高企业决策的科学化、合理化水平。

(3) 与传统B2B电子商务相比，B2B移动电子商务的产品更加多样化，具有不受地域限制和时间限制的优势，尤其是B2B跨境移动电商平台。

(4) 相对B2C和C2C而言，B2B移动电子商务的交易次数相对较少，但交易金额相对较大。

(5) B2B移动电子商务还需要大规模物流的配合，往往要和第三方物流企业或者第四方物流平台对接。有些商品还需要特殊的物流配合，如危险品运输、冷链物流运输等。

3.1.2　B2B移动电子商务运营模式

随着移动互联网的发展，很多B2B电子商务平台推出了面向移动端的APP，旨在为用户提供更便捷、更场景化的服务。从平台角度看，B2B移动电子商务可分为第三方B2B移动交易平台(包括综合平台和垂直平台)、自营平台和大型交易平台，如表3-1所示。

表3-1　B2B移动电子商务运营模式

类别			内容
第三方移动B2B交易平台	综合平台	撮合	以资讯、撮合为主，往往是线下交易
		交易	可以搜索产品、厂商，实现线上交易
	垂直平台	撮合	以资讯、撮合为主，多见于行业门户网站
		交易	行业在线交易平台，如行业批发市场、产业链电商
自营平台			某一大型企业围绕自身企业需求搭建平台，在上下游企业之间就采购需求、产品销售提供在线交易平台
大型交易平台			就某一行业大类产品(如钢材、棉花、石油等资源)进行杠杆类(保证金制)会员制交易，发部分只实现仓单交易，不进行实质性产品交割，实质为金融衍生产品

1) 第三方移动B2B交易平台

第三方移动B2B平台又分为综合平台和垂直平台。综合平台是指通过与产业链伙伴合作，为客户提供多种产品和服务的平台。腾讯采用综合平台模式，不仅提供及时通信服务，还向客户提供游戏、音乐、视频、安全软件、支付等各类服务。垂直平台主要是指专注某类产品或某一类目标市场而打造的平台，如阿里巴巴、优酷等。

2) 自营平台

自营平台是指某一大型企业基于自身的信息化建设程度，搭建以自身产品供应链为核心的平台。企业通过自身的电子商务平台，串联起行业整条产业链，供应链上下游企业通过该平台实现咨询、沟通、交易等服务。

3) 大型交易平台

大型交易平台是指相关行业为了提升电子商务交易平台信息的推广程度和准确性，整合综合B2B模式和垂直B2B模式而建立起来的跨行业电子商务平台。

B2B移动电子商务的盈利模式主要包括广告盈利、搜索收费、平台增值服务、平台交易盈利以及其他服务盈利等。

(1) 广告盈利：包括文字广告(关键字、文字链接的资讯文章等)、图片广告、社交广告(微信、短信、邮件等)、动态广告、公众号软文等。

(2) 搜索收费：包括关键词竞价排名和网站热点词汇链接等。

(3) 平台增值服务：平台增值服务包括企业信用服务、网站会员等级管理、帮助企业建站等。

(4) 平台交易盈利：包括交易佣金、支付服务、内容消费、通信服务等。

(5) 其他服务盈利：帮助企业培养人才、提供物流服务和供应链金融服务等。

任务 3.2　B2C 移动电子商务模式

任务情景

小张最近一直在关注一款手机，他多次前往各大商场均无现货，通过登录手机京东APP，小张搜索到该款手机正式抢购发布的具体时间，并将该款手机提前添加到了购物车，设置好了“收货信息”“发票信息”“配送方式”等信息。抢购当日，小张提前登录京东APP，库存状态显示“有货”，小张立即点击“提交订单”，此时，小张终于抢到了自己心仪的手机。

如今，移动购物已经成为手机用户首选的购物方式，移动电子商务市场交易额在互联网交易总额中的占比越来越高。本任务就带领大家一起学习 B2C 移动电子商务模式的相关知识。

知识链接

B2C 移动商务是以网络零售业为主的移动商务，是零售移动电商的主流模式。在具体经营过程中，它主要借助移动网络开展在线销售活动，消费者通过移动网络实现在线购买、支付等，这不仅能提高交易效率，也使得消费者能随时随地购物。

3.2.1　B2C 移动电子商务的基本概念

B2C 移动电子商务是指通过移动设备向终端用户提供信息或产品服务。B2C 移动电子商务来源于传统电子商务，参与交易的双方是企业和个人。

B2C 移动电子商务模式具有以下特点：

(1) 移动端消费行为呈现碎片化、个性化和便捷化的特点。移动端便捷性的特点使得消费者可以随时随地购物。消费者通过移动端购物对商品性能、支付方式、物流速度等方面的需求呈现个性化特点。

(2) 移动端购物更适合轻型消费品类。轻型消费商品包括衣服鞋帽、化妆品类、虚拟商品等，其单价较低、订单转化率高，非常适合在移动端布局消费。

(3) 在移动端购买商品具有价格优势。对于消费者而言，移动端的不同商家的商品信息都是比较透明的，消费者可以进行多方比较，买到性价比高的商品。

(4) 移动端的消费频次会更高。相较于 PC 端消费，移动端的消费频次会更高，冲动型消费会更多。

3.2.2 B2C 移动电子商务运营模式

B2C 移动电子商务主要包括综合型第三方移动 B2C 模式、垂直型第三方移动 B2C 模式、独立移动商城模式、混合型移动 B2C 模式等。

1. 综合型第三方移动 B2C 模式

综合型第三方移动 B2C 模式是企业和个人之间通过第三方开发运营的综合型移动网络市场，进行商品或服务交易的模式。该模式经营商品的品类繁多，行业跨度广，同品类竞争对手多。这类平台的典型代表企业有手机淘宝、京东到家等。

2. 垂直型第三方移动 B2C 模式

垂直型第三方移动 B2C 模式是企业和个人之间通过第三方开发的垂直型移动网络市场，进行商品或服务交易的模式。该模式经营商品的品类专注于某垂直领域，具有专业化竞争力，容易从流通领域向上游制造领域进行拓展。这类平台的典型代表企业有蘑菇街、美丽说、每日生鲜等。

3. 独立移动商城模式

独立移动商城模式是企业和个人之间通过企业自主开发的移动平台(如微信商城)进行商品或服务交易的模式，该模式有利于企业进行自主营销或品牌塑造，更适用于大型传统企业经营模式的转型升级。该模式的典型代表企业有唯品会、小红书、达令、天天果园等。

4. 混合型移动 B2C 模式

混合型移动 B2C 模式是企业和个人之间通过企业的独立移动商城或者第三方渠道进行商品或服务交易的模式。该模式通常是先从企业的独立移动商城发展起来，发展到一定程度，开始引入其他企业在独立商城平台注册，增加商品类别和平台流量。该模式的典型代表企业有 1 号店、京东、携程网等。

B2C 移动电子商务盈利模式主要包括会员费、交易中介费、自营商品或服务销售、特许加盟、广告收费等。

(1) 会员费：许多 B2C 移动商务企业都把收取注册会员的会费作为一种主要的盈利模式，特别是提供视频、新闻、咨询类内容的移动商务平台。

(2) 交易中介费：B2C 移动商务企业为移动商务交易双方提供商品或服务，按成交金额收取交易中介费。例如，九州通医药网、手机天猫、唯品会等企业的盈利模式就是以交易中介费为主。

(3) 自营商品或服务销售：企业通过自营移动 B2C 商务平台销售自己生产的产品或服务获得利润。这种模式的典型代表是海尔移动 APP。

(4) 特许加盟：移动商务企业可以引入其他加盟企业在自营平台中注册销售第三方产品或服务，收取一定的加盟费。例如，当当等平台主要的盈利模式就是通过特许加盟获利的。

(5) 广告收费：为企业发布广告，收取广告费，这种模式的关键是网站具有大量的广告客户。

任务 3.3　C2C 移动电子商务模式

任务情景

淘宝网是亚太地区较大的网络零售商，由阿里巴巴集团在 2003 年 5 月创立。淘宝网致力于“货真价实、物美价廉、按需定制”网货的普及，帮助更多的消费者享用海量且丰富的网货，获得更高的生活品质。2015 年，手机淘宝 APP 上线，整合了淘宝旗下的天猫、聚划算、淘宝商城，具有搜索比价、订单查询、购买、收藏、管理、导航等功能，已经成为阿里巴巴生态系统中最重要的平台。手机淘宝 APP 是 C2C 移动电子商务模式的典型代表，其首页界面如图 3-2 所示。

本任务将带领大家一起学习 C2C 移动电子商务模式的相关知识。

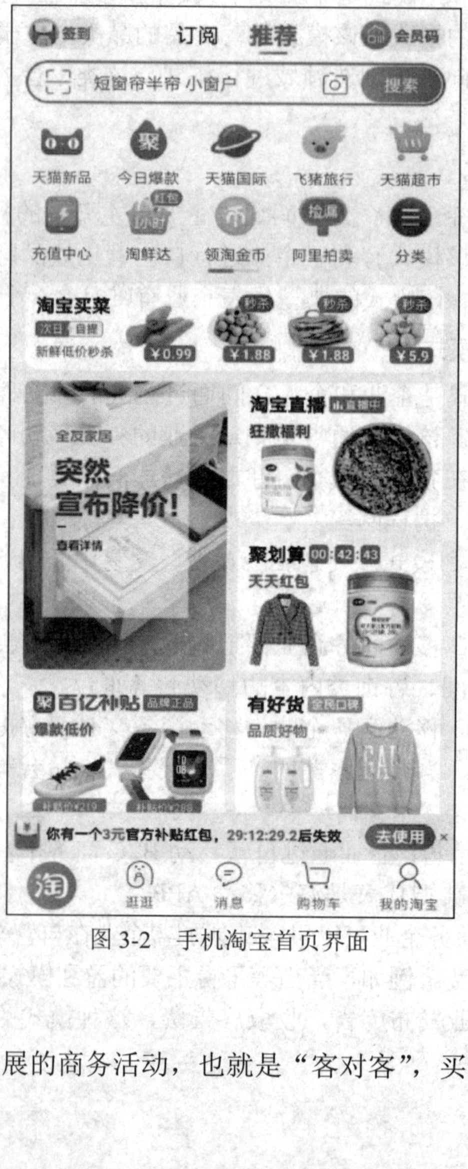

图 3-2　手机淘宝首页界面

知识链接

C2C 是个人对个人开展的商务活动，也就是“客对客”，买卖双方交易的场所是独立于双方之外的移动电子商务平台，此类平台负责提供信息推送、查询、支付、物流等服务，从而保证交易活动的顺利进行。

3.3.1　C2C 移动电子商务的基本概念

C2C 移动电子商务是依托移动终端的个人与个人之间进行商务交易的模式。相比其他移动电子商务模式，C2C 移动电子商务模式具有以下特点：

(1) 平台盈利相对困难。C2C 移动商务平台不收取平台上卖家的开店费和其他增值服务费，主要收取移动商务交易佣金。手机淘宝通过这种盈利模式吸引了众多的商家入驻，迅速占领了 C2C 移动商务市场，奠定了阿里巴巴为国内移动商务领域龙头的基础。

(2) 解决了传统电商的信用危机。在移动电子商务时代，网络作为商务交易的媒介和手段，更加突出了诚信建设的重要性。在传统 C2C 交易平台上，尽管交易的金额比较小，但是网上开店成本较低、交易主体匿名等特点，使得传统的 C2C 交易过程更容易出现网络欺诈行为。在移动电子商务时代，C2C 移动交易双方通过移动终端绑定身份信息，进行实名认证，解决了传统 C2C 电子商务中存在的信用危机问题。

(3) 支付模式依托第三方支付。由于无法进行面对面的交易，因而 C2C 移动电子商务存在较大的风险。第三方支付平台的信用保障制度，可以约束移动交易行为，保证交易过程中资金流和商品流的正常双向流动，增加移动交易的可信度，典型的代表如支付宝、财付通等。

(4) 配送模式依托快递公司。由于 C2C 移动电子商务交易的双方都不具备自营物流体系，因此，成交的商品主要通过快递公司等第三方物流配送。近些年兴起的快递公司，如菜鸟物流、顺丰物流等，都在不断提升服务质量，以满足移动互联网时代用户的个性化需求。

(5) 交易方式灵活。C2C 移动电子商务交易方式灵活，交易双方可以选择物物交换，也可以选择普通的议价交换，还可以选择拍卖的方式。随着移动互联网的发展和新兴技术的更迭，移动商务交易双方不断探索新的交易渠道和交易方式。

3.3.2　C2C 移动电子商务运营模式

1. C2C 移动电子商务运营模式的分类

C2C 移动电子商务运营模式可以分为以下 4 种：

(1) 移动 APP 商城。移动 APP 商城依托移动终端开发的虚拟 C2C 商城系统，具备商品展示、搜索、管理，会员注册，交易支付和评价等功能。这一模式的典型代表是手机淘宝和 eBay。

(2) 微信商城。微信商城又称微商城，是基于微信研发的一款社会化 B2C 移动商务系统。消费者只要通过微信商城平台，就可以实现商品查询、选购、下单与支付的线上线下一体化服务模式。微信商城具有开店门槛低、易于推广运营的优势。微店、萌店等都是这一模式的典型代表。

(3) 网络直播。网络直播是一种新兴的网络社交方式，网络主播可以成为商品的卖家将产品直观地展示给消费者，通过不断提高自己的知名度，增加粉丝量，在直播过程中更好地推销商品，以服装、饰品化妆品等商品为代表。斗鱼、快手、虎牙等都是国内最近兴起的知名网络直播平台。

(4) 社交 C2C 模式。除了上述三种模式外，C2C 移动商务可以通过 QQ 群、微信群、微博、陌陌等社交平台实现。商家借助社交工具、社交媒体等完成商品的推广和交易。消费者可以通过社交媒体与商家进行互动，并发表评价等。

2. C2C 移动电子商务运营模式盈利的来源

C2C 移动电子商务运营模式盈利主要来源于交易服务、增值服务、广告收入、技术服务等。

(1) 交易服务。虽然 C2C 移动商务网站多是提供免费服务，但还是有部分平台收取一定的费用作为网站正常运营的前提，尤其是具有个性化特色的网站，通过收费可以提供市场竞争能力强的服务。例如，网络直播平台会收取一定的费用作为平台持续运营的基础。

(2) 增值服务。增值服务是以用户的不同需求为基础，提供交易双方价值最大化的服务，旨在提高交易双方对网站的满意度，获取服务的佣金。手机淘宝网提供的增值服务包括淘宝旺铺、旺旺 E 客服、聚划算、淘客特卖、天天特价、淘抢购等，大大满足了不同商家的需求，从而更好地吸引商家入驻。

(3) 广告收入。网络广告收入是 C2C 移动商务盈利的重要来源，C2C 移动网站拥有众多的用户流量，投入合适的广告会取得低投入高收益的效果。此外，移动端的网络广告容易在用户群中形成口碑效应，有利于商家的产品推广。以淘宝网、eBay、拍拍网等为代表的移动端网站趋向于运用新的广告方式进行公司产品与企业形象的宣传。

(4) 技术服务。技术服务即通过微信商城开店、优化店铺、APP 开发、图片美化等服务项目收费。

(5) 支付增值服务。有第三方支付的 C2C 移动商务平台(如手机淘宝)，借助支付宝交易支付资金形成资金池，该资金池可以获得利息收益及在法律许可范围内的投资收益。

(6) 虚拟产品收益。在网络直播平台上，买方通过表演等形式推荐产品或演示功能，观众作为潜在消费者，可以在直播平台购买虚拟产品作为礼物送给直播室的主持人。

(7) 其他盈利。除了上述盈利模式外，互联网增值业务、移动与电信增值业务、搜索排名服务、VIP 会员等业务也是 C2C 移动电子商务运营模式盈利的重要来源。

任务 3.4　O2O 移动电子商务模式

任务情景

悦管家是一个 O2O 家政服务平台，成立于 2012 年，致力于为家庭和企业提供卓越的管家式服务。其主要业务包括家庭生活服务和企业后勤服务。2015 年 6 月 2 日，悦管家 APP 上线，正式启动“互联网+”的服务预订业务，并已覆盖上海、北京等多个城市。悦管家现拥有超过 6000 名的专业服务者，拥有超过 60 万户家庭用户和 500 家企业用户。悦管家的移动 APP 和微信公众号是悦管家移动端的两大入口。移动端的具体操作包括：① 选择服务；② 查看优惠活动；③ 下单预约；④ 线下服务提供。悦管家 APP 是一个 O2O 移动电子商务模式的典型代表，其首页界面如图 3-3 所示。本任务就带领大家一起学习 O2O 移动电子商务模式的有关知识。

图 3-3　悦管家 APP 首页界面

知识链接

随着移动电子商务平台建设的更加完善和手机网民电子商务意识的增强，中国移动电子商务进入市场大规模爆发的阶段。手机在线购物已经取代电脑在线购物成为主流。但手机购物并非电脑购物的替代品，而是在移动环境下产生增量消费，并且重塑线下商务形态，促成交易，从而推动网络购物移动化发展趋势。正是看好移动电子商务的发展潜力，淘宝、当当等传统电子商务企业以及中国移动、中国电信等电信运营商纷纷转向移动电子商务领域，寻求新的利润增长点，O2O 电子商务的市场前景和地位日益显现。

3.4.1 O2O 移动电子商务的基本概念

2011 年 8 月，美国试用品营销、广告服务商 TrialPay 的创始人亚历克斯 · 兰佩尔率先提出了 O2O 的概念。O2O 模式就是将线下商务与互联网结合在一起，通过线上订购、线下消费模式，让互联网成为线下交易的平台，把线上的消费者带到现实的商店中，真正使线上的虚拟经济和线下的实体经济融为一体。这样企业可以通过在线招揽客户到其线下的实体经营场所购物或者消费，而消费者可以在线筛选企业的产品或者服务，交易可以在线结算。

O2O 模式的核心很简单，就是把线上的消费者带到现实的商店中——在线支付购买线下的商品和服务，再到线下去享受服务。通过打折，提供信息、服务等方式，把线下商店的消息推送给互联网用户，从而将他们转换为自己的线下客户。此外，O2O 模式的关键点就在于，平台通过在线方式吸引消费者，但真正消费的服务或者产品须有消费者进行线下体验，这就对线下服务提出了更高的要求。一个标准的 O2O 模式主要由线上平台(移动网站、移动 APP 等 O2O 应用)、线下商家和用户三要素组成，其交易流程如图 3-4 所示。

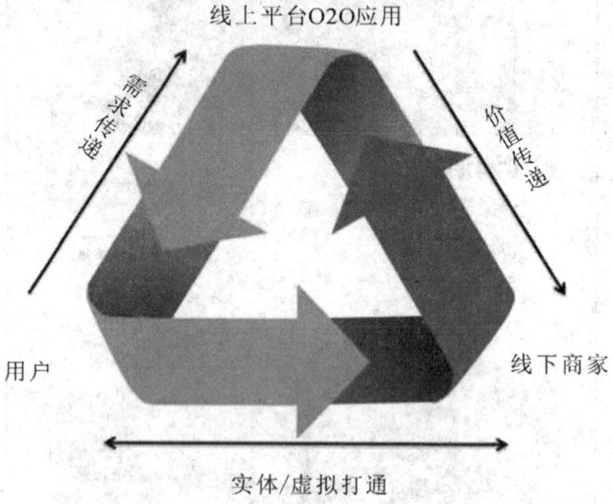

图 3-4　O2O 模式的交易流程

O2O 模式的交易流程如下：

(1) 线上平台通过与线下商家沟通，就商品或服务及开展经营活动的时间达成协议。

(2) 线上平台通过各种渠道和推广手段对准备开展的经营活动向自身的用户进行推介，用户则向线上平台付款而获得线上平台提供的商品或服务消费“凭证”。

(3) 用户持“凭证”到线下商家获取商品或享受服务。

(4) 用户获得商品或享受服务后，线上平台与线下商家进行结算，线上平台获得一定比例的佣金，线下商家获得提供商品或服务的款项，完成交易。

随着互联网和智能终端的普及，O2O 移动电子商务模式都将为企业的营销方式、业务流程和资源配置等方面带来一系列的变革。

O2O 移动电子商务呈现以下四个方面的特点和优势：

(1) O2O 移动电子商务充分利用了移动网络跨地域、无边界、海量信息、海量用户、时间碎片化的特点，充分挖掘线下资源，进而促成线上用户与线下商家的交易，为线下商店提供了新的营销模式。

(2) O2O 移动电子商务连通了线上线下的信息交流和体验环节，让线下消费者避免了由于信息不对称而遭受“价格蒙蔽”，同时实现线上消费者“售前体验”。由于顾客有了线下的补充交易和服务体验，使得企业和顾客之间的交流越来越多，信任度也随之提高。

(3) O2O 移动电子商务对商家的营销效果进行直观的统计和追踪评估，规避了传统营销模式推广效果的不可预测性，O2O 将线上订单和线下消费结合，所有的消费行为均可准确统计，有利于精准地获取顾客消费行为的大数据。

(4) O2O 移动电子商务符合社交化、本地化、移动化的发展趋势，尤其是基于 LBS 产生的新的营销模式，是传统电子商务所不具备的。例如，由微信作为 O2O 入口的订餐服务，可以根据消费者的实时位置推荐附近的餐厅。

3.4.2　O2O 移动电子商务运营模式

互联网的迅猛发展为 O2O 提供了无限想象的空间。消费者通过手机连接互联网，在 O2O 网站、APP 商店、社交网店或通过扫描二维码等方式，查找和获得自己所需要的产品和服务，利用手机进行支付购买，然后到线下实体店进行消费。随着 SNS(Social Networking Services，社交网络)的迅猛发展、LBS 应用的普及以及二维码技术的成熟和应用，O2O 运营模式更趋于多元化，表现出旺盛的市场需求力。

1. O2O 移动电子商务运营模式的类型

O2O 移动电子商务主要包含以下三种运营模式：

(1) 先线上后线下模式。所谓先线上后线下模式，就是企业先构建一个移动端线上平台，以该平台为依托和入口，将线下商业服务导入线上平台，在线开展营销推广和买卖行为，而实际的产品选购、体验、成交在线下商店进行，这种模式往往是传统线下商店初期融入电子商务的方式。

(2) 先线下后线上模式。所谓先线下后线上模式，就是企业先搭建线下平台，以该平台为依托进行线下营销，让用户享受相应的服务体验，同时将线下商业服务导入线上平台，在线上进行交易，由此促使线上线下互动并形成闭环。在该模式中，企业需自建两个平台，即线下实体平台和线上互联网平台。

(3) 线上线下完全融合模式。O2O 移动电子商务模式打通线上线下供销存环节，线上线下商品同款同价，线上线下互相引流，均可进行交易，线下购买的商品也可通过物流配送到消费者手中。这种模式融合了线上和线下交易的优势，覆盖了更广泛的消费人群。

2. O2O 移动电子商务的盈利模式

O2O 移动电子商务的盈利模式具体包括如下八类：

(1) 销售商品或服务：通过 O2O 移动商务平台销售企业的商品或服务，企业可以通过这种模式扩大销售，从而获取更多的利润，如饿了么等。

(2) 交易佣金：O2O 移动商务平台为商家和用户提供交易服务，平台按成交金额或成交次数收取中介费。例如，服务社区的云家政通过介绍家政服务员获取佣金，美团网通过举办团购活动收取商家服务费，等等。

(3) 广告收费：盈利来自为企业发布广告而收取的广告费。一方面，在 O2O 的线上平台发布需要广泛、快速传播的内容；另一方面在线下公共场所发布广告。O2O 移动商务模式的线下广告，往往会加入二维码，二维码可以成为交易的入口。另外，还可以借助移动 LBS 进行精准广告推送。

(4) 信息咨询服务：通过搜集消费大数据，进行数据挖掘，提升商户的精准营销能力。

(5) 金融理财：交易支付服务滞留的资金池可以获取投资收益，既可对商户端进行金融信贷，也可对消费者进行消费信贷。

(6) 物流服务：主要通过物流仓储及社区配送服务费来盈利。物流配送的最后一公里是 O2O 移动商务的关键节点之一。许多大城市的小区里安装了终端储物箱等设施，消费者可以自行提取，从而避免因家中无人而无法送达货物的情况。

(7) 会员费：许多 O2O 移动电子商务平台会对加盟会员收取一定的加盟费用。

(8) 网站增值服务：如通过提供网上商城排序、网上商城优化等服务获得项目盈利。

实训项目 3　淘宝店申请与运营

实训目标

(1) 通过注册申请淘宝店，了解淘宝店申请的流程和注意事项。

(2) 了解淘宝店运营的基本策略和方法。

实训环境

(1) Android 或 iOS 智能手机，开通 4G/5G 网络或连接 WiFi。

(2) 连接 Internet 的电脑，安装 Windows 7 或 Windows 10 的操作系统

实训背景知识

近几年盛行的“双十一”成为商家和客户的狂欢节，2020 年天猫“双十一”的单日成交额达 4982 亿元，物流订单更是突破了 22.5 亿单。淘宝网在中国网商界的影响力越来越大，阿里巴巴业绩的持续增长，也给淘宝网带来了巨大的资金。淘宝网的成长就是中国电商的成长！随着十几年的发展，淘宝网络销售平台日渐成熟，在该平台上开店经营具有成本低、操作简单等优点。

实训内容

淘宝(个人/企业)店铺入驻流程如图 3-5 所示。

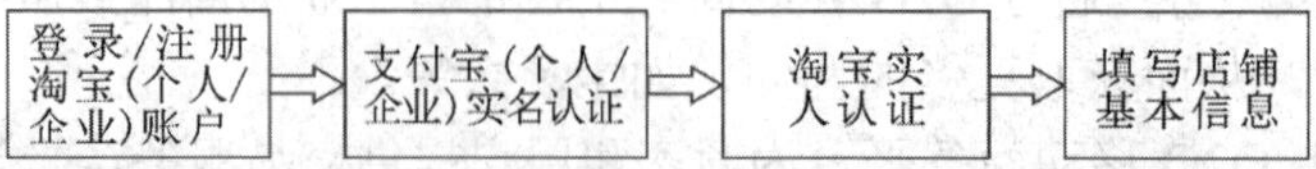

图 3-5　淘宝店铺入驻流程

1. 注册淘宝账户

(1) 准备材料。

① 若开设淘宝个人店铺，需准备好个人身份证(首次开店)和手机号。

② 若开设企业店铺，需准备好营业执照、社会信用代码、法人和店铺负责人的身份证和手机号。

(2) 登录/注册淘宝(个人/企业)账户。

① 注册淘宝账户。注册淘宝账户有两种方式，一种是电脑端的注册，另一种是手机端的注册。这里以电脑端注册淘宝账户为例。首先进入淘宝网 https://www.taobao.com/，单击“免费注册”，然后根据提示完成注册操作，如图 3-6 所示。

图 3-6　注册淘宝账号

② 申请淘宝店铺。若用户没有淘宝账户，可以选择短信入驻，首先填写手机号、输入验证码，之后会自动生成淘宝账户；若用户已经有淘宝账户，可以选择密码登录，如图 3-7 所示。

图 3-7　登录/注册淘宝店铺

2. 支付宝实名认证

在淘宝店铺注册完成之后，需要支付宝实名认证。打开支付宝 APP，点击“我的”，之后点击左上角头像信息，出现个人信息，完善个人身份信息，进行实名认证，如图 3-8 所示。

图 3-8　支付宝实名认证

3. 淘宝实人认证

根据国家《网络交易管理办法》，淘宝应对卖家进行实名制核实，实名认证有利于确定商家身份，营造更安全的网络交易环境，避免不法分子通过网络欺骗消费者。

当商家完成淘宝店铺的注册和支付宝实名认证操作之后，登录淘宝店铺，在“淘宝实人认证”一栏，使用手机淘宝或千牛 APP 扫码进行人脸认证，如图 3-9 所示。

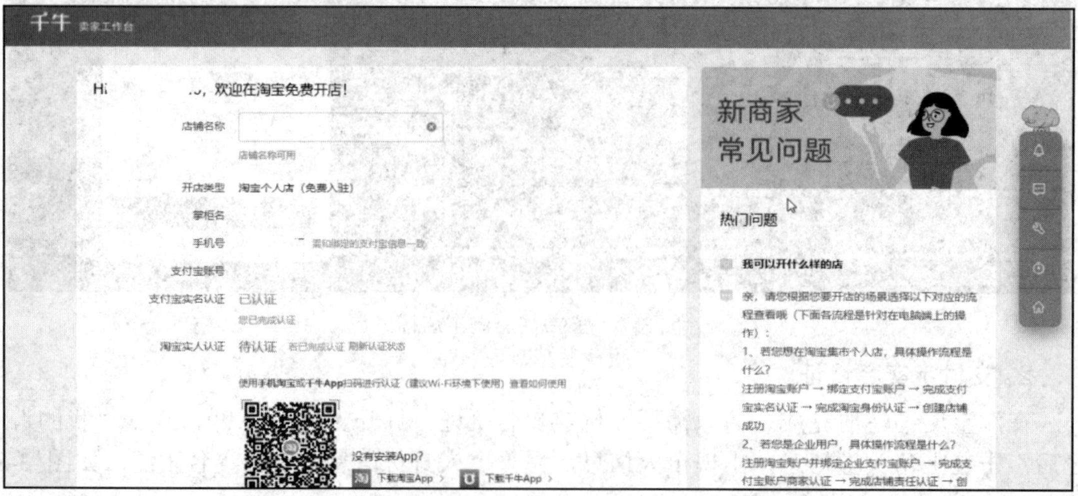

图 3-9　淘宝实人认证

4. 填写店铺基本信息

淘宝店铺注册完毕后，卖家需完善店铺基本信息。登录淘宝网，进入“千牛卖家中心”→“免费开店”→“店铺基本设置”，编辑店铺名称、店铺标志、店铺简介、经营地址、主要货源、店铺介绍等基本信息，店铺的基本资料完成后，单击“保存”按钮，如图 3-10 所示。

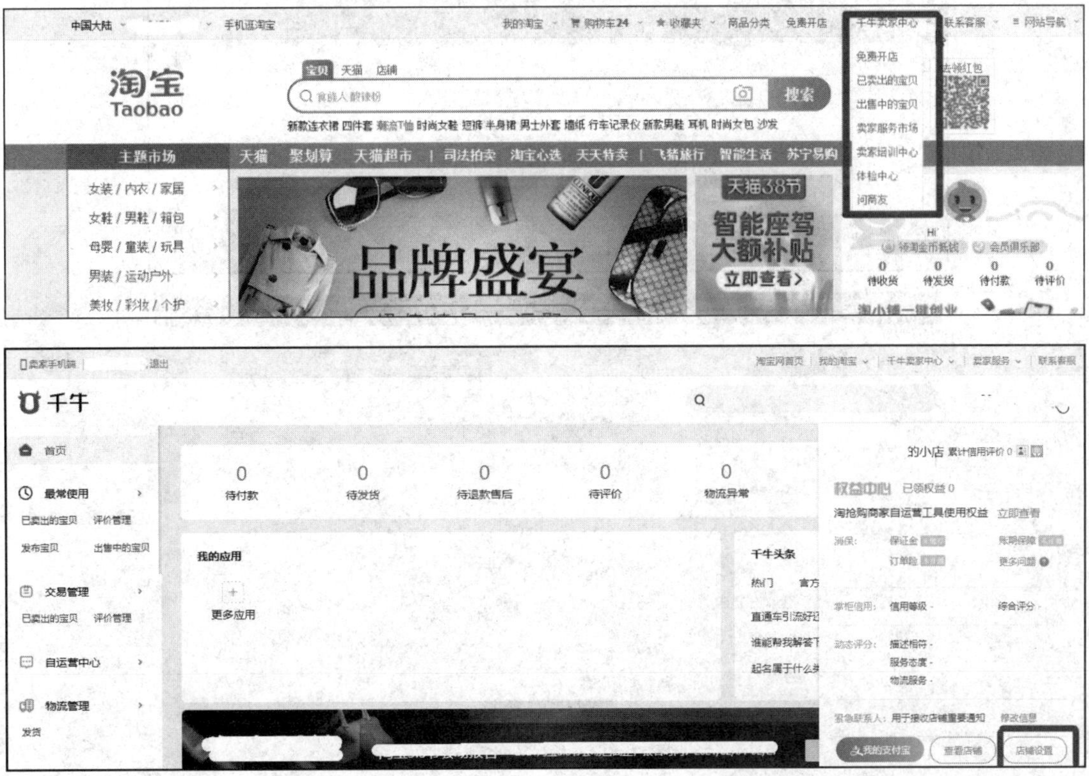

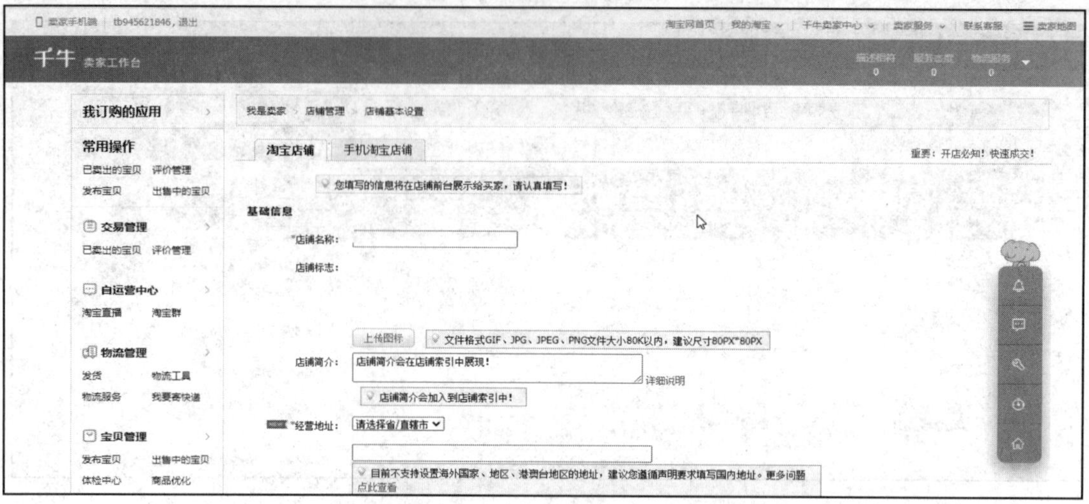

图 3-10　填写店铺基本信息

这些基本信息非常关键，店铺名称要能抓住消费者的眼球；店铺介绍既要涵盖店铺销售的商品种类又要突出特色；店铺标志甚至比店铺名称更重要，一个好的 LOGO 能起到宣传店铺、吸引消费者的作用，最重要的是能让人记住，看到此图标就能联想到本店。

5. 商品管理

(1) 发布宝贝。单击千牛卖家工作台中的“商品”→“发布宝贝”，进入商品添加页面，上传商品照片，确认商品类目，完成商品的预填资料，如图 3-11 所示。

图 3-11　上传预填资料

商品预填资料添加成功后，接下来还有更多的商品信息需要完善，如商品的基础信息、销售信息、支付信息、物流信息等，如图 3-12 所示。商品信息完善后，单击“发布”，便可完成宝贝发布。

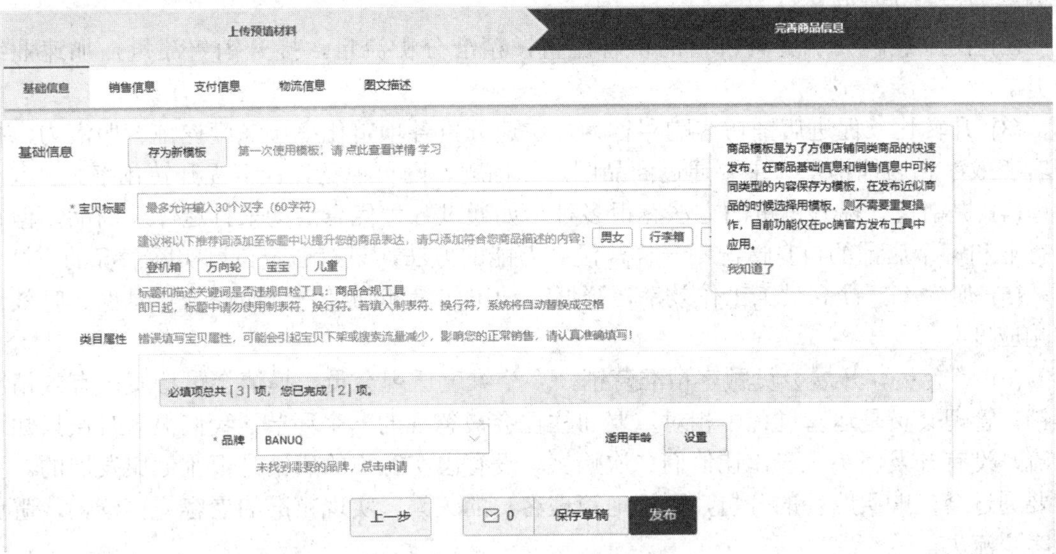

图 3-12　完善商品信息

(2) 商品下架和删除。在千牛卖家工作台，单击“商品”，进入“出售中的宝贝”界面，可以进行商品下架和删除操作。还可以单击“编辑商品”，将商品库存更改为“0”即为下架，如图 3-13 所示。

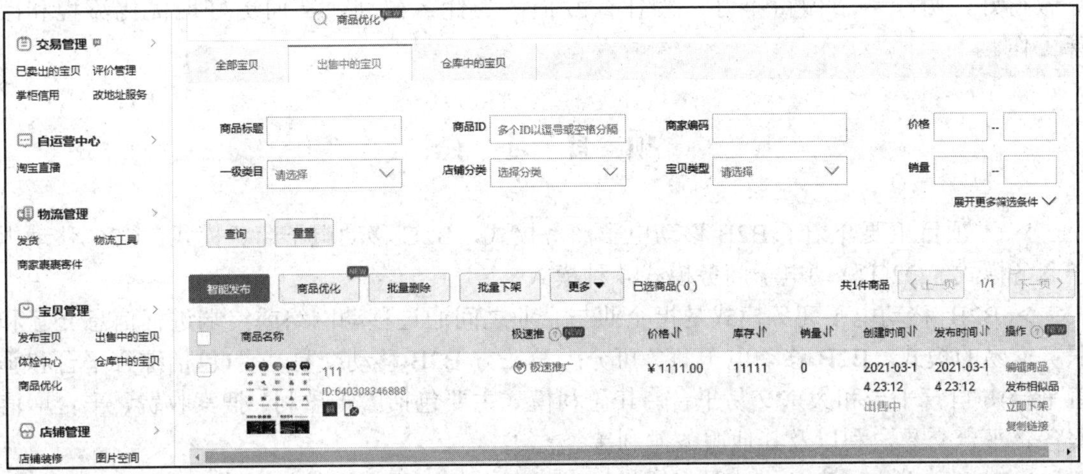

图 3-13　商品下架和删除

6. 提高店铺效益

在宝贝发布后，卖家可以借助淘宝平台提供的千牛卖家工作台，分析店铺商品的销售信息、流量明细等一系列信息来进行动态调整运营策略。店铺运营主要围绕着流量、价格、商品特色、附加值、服务隐私以及售后等进行优化调整。卖家可以按照如下方法来管理店铺、提高店铺效益：

(1) 寻宝贝、选品。选品是运营的第一步，后续的运营工作都是以商品为载体，以挖掘市场潜力商品、提升商品销量、优化库存状况、监控热销商品、跟踪竞争对手、打造爆款商品为运营主要目标。

(2) 找流量。吸引更具价值的访客流量，精准分析流量，提升销售流量，加速业绩上升。

(3) 升转化。促进店铺访客购买行为，快速分析各项转化率，深度挖掘客服潜力，提升客服效率和店铺销量。主要通过商品图片和标题、网页视觉设计等提升转化率。

(4) 提销量。提升销量的方法有很多种，如通过各种优惠活动来打造爆款商品，但每个行业和每个店铺的自身情况不一样，没有万能的方法，只有适合自己实际情况的方法。

(5) 促效率。提高员工工作效率，降低劳动工作量和强度，全面提升实时性、时效性和响应度。

(6) 管会员。开展会员顾客精准营销，多个维度透视会员，摸清会员特质，有效精准营销。管理会员是运营过程中相对重要而往往会被忽视的一个环节，我们很多时候只知道引流，没有开发回头客户，让他们二次购买。没有忠实客户的店铺是很难健康发展的。我们要通过会员购买路径的分析，更好地管理客户的关系，实现精准的老客户再营销，避免老客户流失。

(7) 抓服务。加强各项环节的服务品质，全方位提升服务质量。通过服务质量的提高，提高店铺的信誉，扩大产品的市场占有率。

(8) 算利润。核算利润明细，进行全环节成本管理，对店铺盈利能力、商品盈利潜力进行分析统计，为掌柜决策提供强有力的支持和保障。算利润能更好地明白哪个环节做得好，哪个环节做得不好，为什么亏损，为什么盈利，从而更好地优化流程和改善工作。

项 目 小 结

➢ 本项目主要介绍了 B2B 移动电子商务模式、B2C 移动电子商务模式、C2C 移动电子商务模式、O2O 移动电子商务模式 4 种模式。

➢ B2B 移动电子商务模式是指企业与企业之间通过移动网络或终端进行信息交互和服务交易的模式。B2B 移动电子商务可分为第三方 B2B 移动交易平台(包括综合平台和垂直平台)、自营平台和大宗交易平台。其盈利模式主要包括广告盈利、搜索收费、平台增值服务、平台交易盈利以及其他服务盈利等。

➢ B2C 移动电子商务模式是指通过移动设备向终端用户提供信息或产品服务。B2C 移动电子商务来源于传统电子商务，参与交易的双方是企业和个人。B2C 移动电子商务主要包括综合性第三方移动 B2C 模式、垂直型第三方移动 B2C 模式、独立移动商城模式、混合型移动 B2C 模式等。其盈利模式主要包括会员费、交易中介费、自营商品或服务销售、特许加盟、广告收费等。

➢ C2C 移动电子商务模式是依托移动终端的个人与个人之间进行商务交易的模式。主要包括移动 APP 商城、微信商城、网络直播和社交 C2C 等 4 种模式，其盈利模式主要来源于交易服务、增值服务、广告收入、技术服务等。

➢ O2O 移动电子商务模式是线上与线下相结合的一种新型商业模式，其核心是将线上的消费者带到线下的实体店消费，实现线上购物支付，线下消费体验的“闭环”，真正使线上的虚拟经济和线下的实体经济融为一体。按本地服务的介入程度，O2O 可以分为轻型 O2O 和重型 O2O。其盈利模式具体包括销售商品或服务、交易佣金、广告收费、信息咨询服务、金融理财、物流服务、会员费、网站增值服务八类。

项目 4

移动电子商务营销

引导案例

喜力啤酒由世界第四大啤酒公司生产，公司总部位于荷兰。喜力啤酒凭借着出色的品牌战略和过硬的品质保证，成为全球顶级的啤酒品牌。喜力啤酒实时 APP 案例是实时 APP 营销的成功典型，它荣获 2011 年戛纳广告节促销类金奖。当时，该公司借助欧冠比赛，定制了 APP 游戏，观看欧冠比赛的球迷们下载该 APP 游戏后，当比赛进入点球、射门、角球等情况的时候，用户可以进行猜测获得积分。根据积分计算排名，获得勋章，最终可将结果随时通过社交网络分享。这种 APP 广告营销将“球赛竞猜”从线下的活动巧妙地转移到移动设备上，APP 本身有较强的互动性和实时反馈能力，调动了用户的参与热情，增加用户荣誉感，直接刺激产品的销售，达到了良好的营销效果。那么，这个案例中到底使用了什么样的营销形式和营销平台呢？还有哪些营销形式和营销平台？

任务 4.1　移动电子商务营销概述

任务情景

小张手机突然收到短消息提醒，是淘宝网 APP 推送的小米新产品发布通知。原来是前几天小张在淘宝网里关注了小米官方旗舰店，可以随时通过手机了解到店铺新推出的产品，将想要购买的产品加入到购物车，填写收件人个人信息后，三天左右就可以收到该产品。小张感慨道，生活在这样的移动时代是多么的幸福，足不出户即可享受到购物的快乐，本任务就带领大家一起来学习移动电子商务营销的相关知识。

知识链接

随着人们对移动终端(如手机、平板电脑)的依赖以及大数据等技术的发展，移动电子商务营销作为一种新的营销渠道，已经成为商家连接客户的主流途径。2020 年 3 月 31 日，APUS 研究院发布的《2019 全球移动互联网用户行为图鉴》显示，全球已经有 45.4 亿人接入了互联网，占据全球总人口的近 60%，如图 4-1 所示。全球用户平均每天使用智能手机 5.4 小时，其中在电商领域，全球用户每天花费 16.52 分钟用于购物，购物类应用日均打开 5.6 次。

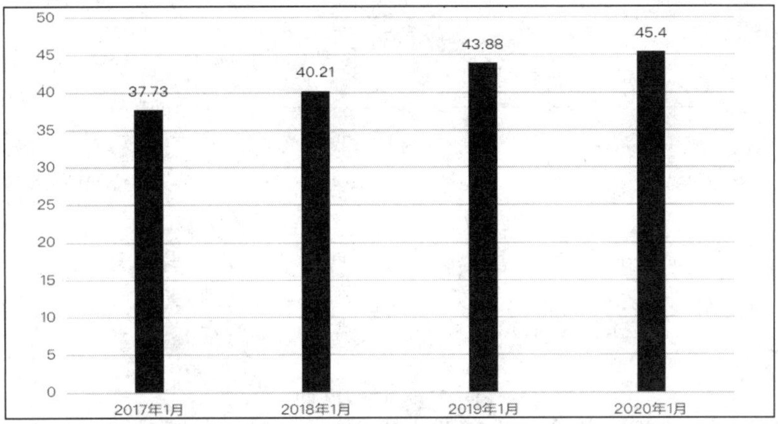

图 4-1　全球上网用户数(亿人)

4.1.1　移动电子商务营销的定义

移动电子商务营销是以手机或平板电脑为平台，通过具有创意的沟通方式，针对目标市场定位，向分众目标受众定向和精确地传递某些品牌价值，通过与消费者的互动达到市场营销目标的一种互联网+营销方式。移动电子商务营销是利用云端服务技术，获取云端营销内容，再将个性化信息即时精确有效地传递给消费者个人，达到“一对一”的互动营销目的。移动电子商务营销的主体包括广告主、移动营销服务商、移动媒体和受众，营销行为以移动互联网为载体，核心目的是帮助广告主推广其产品或服务的相关信息。简而言之，营销者利用有效的平台，借助移动广告、优惠券、产品更新信息提醒等工具，吸引消费者深度参与和迅速购买产品或服务，如图 4-2 所示。消费者使用一部智能手机或者平板电脑，联上互联网后，就可随时获得营销者推广的产品信息、价格以及其他消费者对产品的评价等，从而选择是否购买。广告主最终得以销售产品或服务。

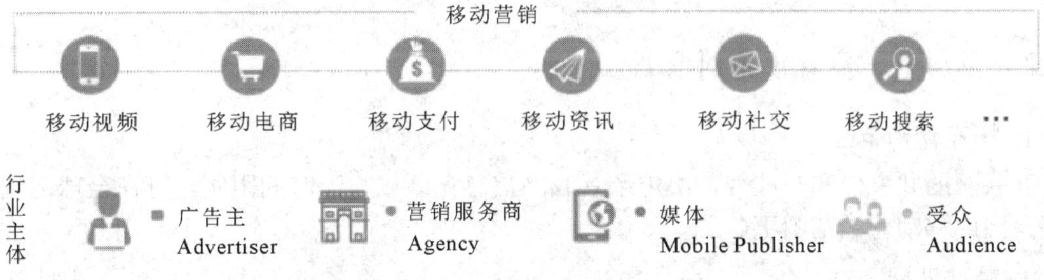

图 4-2　移动营销

移动电子商务营销主要是移动广告，根据广播形态，移动广告可分为 Push 类(推送式)广告和 Pull 类(浏览式)广告。Push 类广告由服务器主动将信息发往移动终端，一般是以文本广告的媒体形式发布的促销或品牌信息，包括以短信、彩铃为载体的互动营销和以手机报或会员刊为载体的手机报刊两种形态。Pull 类广告是指通过在移动网页或客户端上展示广告信息以吸引用户主动浏览的广告方式，包括主要以 Wap 或 html5 移动网页和移动客户端 APP 为载体的客户端两种形态，如图 4-3 所示。

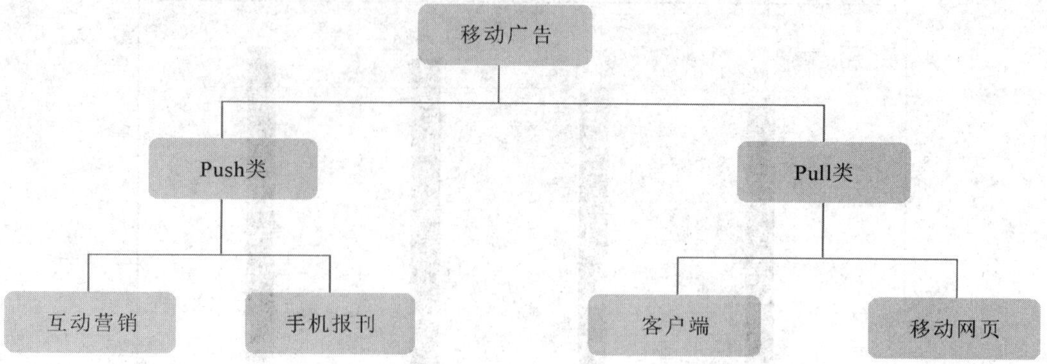

图 4-3　移动广告

依据营销的表现形式，移动广告可分为文字链、图片、视频、动画、二维码和其他富媒体形式。

移动电子商务营销的营销包括用户洞察、策略制定、创意生产、智能投放、效果分析及再营销六个环节，如图 4-4 所示。利用大数据对受众进行分类划分，洞察用户需求；运用机器学习与深度学习算法，制定营销策略；运用云计算技术进行创意生产和智能投放，最后根据区块链技术进行营销的效果分析。在整个营销流程中，技术起到至关重要的作用。

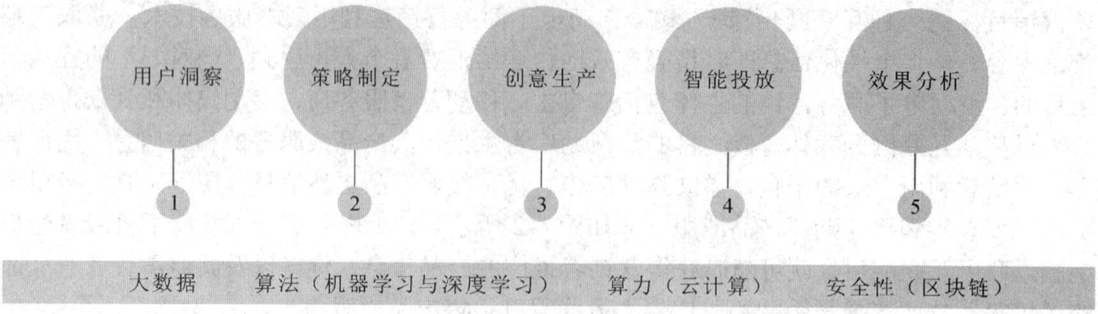

图 4-4　移动营销环节

4.1.2　移动电子商务营销的特点

1. 拓宽营销范围

互联网的共享性和开放性，决定了互联网信息无区域与无时间限制，可在全球范围内传播，因此移动营销范围更广。

2. 精准匹配

借助手机短信、微博、微信、抖音等投放平台，通过技术手段时空定向、终端定向、行为定向和属性定向，精准匹配目标群众，传递信息。

3. 增加交流互动

消费者在购买产品或服务之前，可利用即时通讯软件如旺旺、QQ 等与卖方客服进行互动咨询，或借助评论区、论坛了解产品或服务的详细信息，打破空间限制，随着互动的进一步加深，消费者对商家的信任感不断增加，关系不断增进。

4. 成本低廉

在经济全球化背景下，移动电子商务营销成本相对较低，受众规模更大，成为商家拓展销售渠道和增加客户资源的一种手段。由于移动客户群体庞大，不受时间和地域的限制，其快捷、覆盖面广的特点同时也满足了用户的使用需求。与传统营销相比，费用成本减少。

5. 资源整合

由于从业者的不同，移动电子商务营销可对多重营销方式进行资源整合，互利共赢。

4.1.3　移动电子商务营销的发展历程

移动电子商务营销的发展与移动互联网的进步、移动载体内容优化和移动端流量增长息息相关。最初在 2003—2005 年，移动增值时代，移动 Wap 端和 APP 流量极小，移动电子商务营销集中在短信息、移动增值业务等简单模式。社会化媒体则以 QQ 空间、博客、论坛等形式为代表。移动购物类的平台以淘宝网为代表。

2005—2009 年，进入 Free Wap 时代，随着移动端 Wap 技术的探索，有了很少量的流量规模，移动互联网 Wap 广告应运而生，但体量极小；2009 —2011 年，进入移动互联网时代，移动互联网流量渐增，Wap 广告规模增长，APP 经过发展开始有了一些流量，但基本没有广告位；2011—2014 年，进入营销多元化时代，APP 流量持续增长，广告位从无到有，搜索、视频、积分等多元化的营销形式百花齐放，但整体仍以 PC 端为主，PC 端广告程序化购买产业也在此期间快速成长；2014 之后进入移动程序化元年，进入移动程序化时代，移动端活力开始全面爆发，移动程序化购买迅速发展，高化性价比的受众注意力购买开始快速发展，高化性价比的受众注意力购买成为行业方向，一体化、程序化、全案型将成为基本服务模式，差异化受众、差异化标签、差异化广告成为营销主线。

2019 年，进入 5G 物联网时代。5G 高速、低速时的特点极大地释放了人工智能等互联网技术的潜力，打破了人联网与物联网之间的界限，给移动营销领域带来新的革命：其一是现有的微信、微博、短视频、直播等媒介形态将在 5G 的作用下得到极大提升和优化，网速和宽带大幅度增大；其二是将会创新新媒介形态，如虚拟现实营销脱颖而出。移动营销阶段如图 4-5 所示。

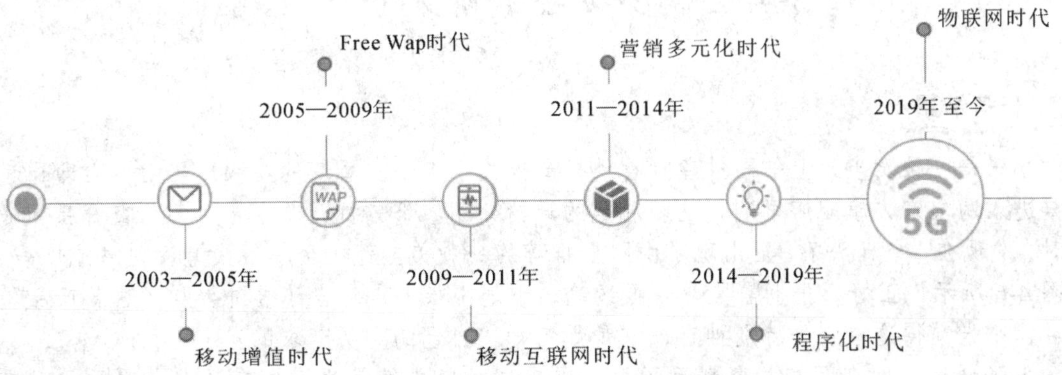

图 4-5　移动营销阶段

4.1.4 移动电子商务营销的发展趋势

1. 多重营销方式朝着整合营销方向不断发展

第三方数据调研机构艾瑞咨询研究表明，大部分营销供应商都在做整合营销战略布局，在自身所具备的优势壁垒之上，不断地去尝试和触及更多的营销业务类型，通过整合营销的手段，帮助客户实现传播活动一元化，使企业实现销售低成本化，营销效果的高冲击力。

2. 新兴技术将快速应用于移动营销

云计算、大数据的应用已经融入人们的日常生活中，人工智能也崭露头角，推动移动营销的发展。截至 2020 年，我国共有 2205 家人工智能企业。区块链技术起源于金融科技，但现在已开始解决营销中的安全问题。随着物联网技术的不断进步，在智能感知的环境内，伴随着消费者所处环境的不断变化，营销将更加智能和高效。

3. 媒体端巨头企业持续领先，短视频平台迅速崛起

媒体是移动电子商务营销行业主体之一，在产业链当中至关重要。从目前的 APP 覆盖人数来看，绝大多数流量仍然掌握在少数的主流 APP 中。随着互联网技术的发展和碎片化时代的兴起，短视频平台迅速崛起，如抖音、快手等短视频平台已快速进入到人们日常生活中。

4. 知识性营销不断崛起

在内容营销方面，知识型营销不断崛起，原生广告向现实生活不断渗透。在过去营销中主要是故事型营销方式，故事可以是一个广告片或一句广告词，消费者从中产生共鸣，形成好感。而知识性营销则是在优质内容的基础上由专业消费者传达品牌的文化品位，促进其他消费者主动搜索和分享，达到深度交流和互动。随着物质生活水平的提高，消费者越来越重视产品体验，原生广告开始流行起来，原生广告通过提供有价值的内容吸引消费者眼球，将原本呈现内容的方式与品牌信息进行有机结合，使得消费者在观看内容的同时也观看了广告。

任务 4.2 移动电子商务营销模式

任务情景

小张是一位女生，上午刷抖音时看到抖音里关于卡姿兰眉笔的视频广告后，立即通过链接进入淘宝官方旗舰店里浏览这款眉笔的详情介绍。下午打开“今日头条”查看新闻资讯时，发现在“今日头条”里出现了由阿里推荐的一款美宝莲小金笔眼线笔的信息流广告，如图 4-6 所示，正好小张也需要一只眼线笔，于是小张点击广告链接进去购买这款产品。事后，小张觉得这个广告特别神奇，它是如何知道自己的购买需求的？

小张通过上网查阅相关资料后了解到原来这种广告就是程序化广告，也属于移动广告。本任务就带领大家一起来学习移动广告的有关知识。

图 4-6　移动广告

知识链接

在数字化时代，信息流逐渐成为用户获取信息的主阵地，社群化、决策场景化和行为碎片化的信息获取已成为用户典型特征，以用户为主导的移动广告更加普遍。

4.2.1　移动广告营销

1. 移动广告定义

移动广告是指基于无线通信技术，以手机、平板电脑等移动设备为载体访问移动应用程序或移动网页显示的广告，移动广告的形式包括文字、图片、插播广告、html5、链接、视频、重力感应广告等。移动广告是移动营销的重要途径。

2. 移动广告发展概况

移动广告市场规模高速增长。根据中商情报网数据显示，2014—2019 年，移动广告的市场规模由 375 亿元增至 2019 的 4149 亿元，复合年增长率为 61.7%。消费者行为转变及新消费环境将推动移动广告市场的创新，未来数年内，中国移动广告市场估计将由 2019 年的 4149 亿元增至 2024 年的 7954 亿元，复合年增长率为 13.9%，如图 4-7 所示。

现如今移动广告市场结构发展变化，移动搜索广告和 APP 广告发展迅猛。移动广告市场中短信、彩信广告占比逐年下降，彩信广告逐渐退出广告舞台，移动搜索广告和 APP 广告迅猛发展。

图 4-7　移动广告市场规模

从用户端角度来看，移动广告的呈现形式更加丰富、信息传递维度更高。在信息 1.0 时代，网络宽带不断增长，贴吧、论坛等平台中开始出现图片、文字和表情等相结合的可视化信息，广告主要呈现的形式是文字和图片。随着移动互联网的快速发展，到了信息 2.0 时代，长短视频开始出现，广告的形式有文字、图片与视频点播。信息 3.0 时代，出现了视频直播，直播更加真实和生动，现场感更强，观看者在平台上与主播可进行点赞、评论、发红包等互动，以此增加信任感，广告的形式有文字、图片、点播与直播。信息 4.0 时代，5G 技术结合云计算、人工智能、虚拟现实技术等，大大降低端到端的延时，未来虚拟现实将能让用户处于一个模拟仿真世界中，满足用户感官需求，此时广告呈现形式增添为文字、图片、点播、直播、VR(虚拟现实)，如图 4-8 所示。

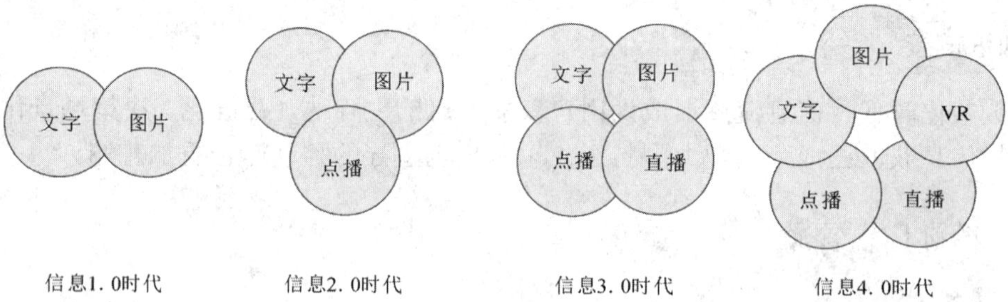

图 4-8　移动广告形式

用户端与广告平台的交互方式由 4A 模式(知道、态度、行动、复购)发展到 5A 模式(知道、关注、咨询、行动、拥护)。也就是用户与广告主的交互方式趋向“品质+社交+自我价值强化”。广告主注重打造品牌品质与口碑，用户在购买前进行咨询对比，关注其他用户对产品的口碑，从而加强对品牌的记忆和关注，用户体验效果满意后会通过声援、推荐的方式引导更多用户关注该品牌，强化了品牌拥护者自身的社交价值。

从广告主端角度来看，广告主对于广告的品质要求不断提升。一般的广告主不再仅仅关注用户的购买力，还在乎用户看到品牌的价值所在。

从投放平台端的角度来看，广告营销的方式由以前的以品牌显现、产品推广位为主要营销方式变为以用户体验为主，通过共鸣赢得口碑的营销方式。传统广告中广告主单纯的是追求品牌曝光、追求品牌知名度，广告形式较为单一，用户参与度较差。在向移动广告的转变过程中，广告主的思维转变为以用户为中心，主动创造情景内容，让用户产生情感共鸣。这一变化推动了视频广告和场景创意在中国的发展。

从技术角度来看，移动广告业掀起了发展程序化广告的风向。程序化广告是指利用技术手段进行广告交易和管理。广告主程序化采购媒体资源，利用算法和技术手段在数字平台中对受众进行精确匹配，由程序自动化完成展示类广告的采买和精准投放。

3. 移动广告类型

1) 移动广告的形式

移动广告的形式多种多样，如 banner 广告、插屏广告、全屏广告、信息量广告、积分墙广告等等。

(1) banner 广告。banner 广告也称横幅广告、广告条、通栏广告，是移动广告中比较常见的展现形式。一般以图片的形式出现，如图 4-9 所示。常见于 APP 的底部或者顶部，能直观向用户展示，容易引起用户的注意，但是会对 APP 界面内容造成部分遮挡，影响用户体验。这种形式的广告常见的计费方式是 CPC，优点是收益比较平稳，缺点是可能与所在的应用程序展现形式不匹配而引起用户反感。

图 4-9　banner 广告

(2) 插屏广告。插屏广告主要是指采用自动广告适配和缓存优化技术，支持酷炫的广告特效，大气美观，视觉冲击力强，是目前比较有效的精准广告推广形式，相较于 banner 广告的点击率更高。这种形式的计费方式有 CPM、CPC、CPI，如图 4-10 所示，单击“关闭”按钮，可关闭广告。

图 4-10　插屏广告

(3) 全屏广告。全屏广告也叫做启动页广告、开屏广告，在大部分 APP 上一般会以图片、小视频的形式出现。当用户打开 APP 后，有些全屏广告会在屏幕上出现 3～5 秒后自动进入应用的主页面，单击“跳过”按钮可关闭广告，如图 4-11 所示。这种广告独占用户视觉范围，广告效果最明显，适合应用于品牌广告。

(4) 信息流广告。信息流广告是嵌套在社交媒体、资讯媒体和视听媒体内容流中的广告，如图 4-12 所示。这种广告中有图片、图文、视频等。信息流广告是依据用户属性和标签算法技术对用户定向投放的广告，具有投放精准，强制向用户展现的特点。

(5) 推送广告。推送广告是一种在手机通知栏显示的广告形式，如图 4-13 所示。这种广告的特点是不占用广告位，广告点击率高，极少误点击。

(6) 积分墙广告。积分墙广告是在一个应用程序内展示各种积分任务，用户下载并注册激活完成任务后即可获得一定积分的页面。这些积分可兑换游戏币等虚拟物品。但是积分墙留存率不高，大多数人完成积分任务后可能就不会再进入。积分墙是按 CPA 付费，很多 APP 是通过投放积分墙来刷榜。

(7) 视频广告。视频广告是指在移动设备内的视频类 APP 中插播视频的模式，如图 4-14 示。比如说爱奇艺、腾讯视频等 APP，非会员观看视频时，会出现几十秒的视频广告，而且关不掉，需要开通会员才能跳过广告，现在还有一些广告主和热播网剧合作，在剧中植入小剧场，直接插入到正片中，不可通过会员跳过广告，但是弊端在于用户可通过拖动进度条跳过广告。

图 4-11　全屏广告

图 4-12　信息流广告

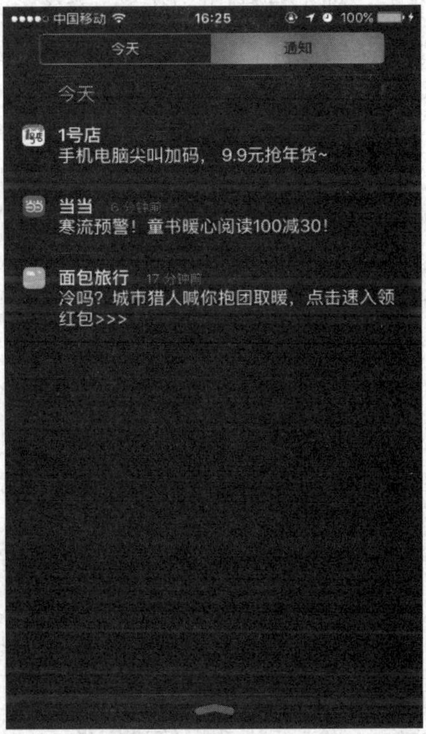

图 4-13　推送广告

图 4-14　视频广告

2) *移动广告计费方式*

(1) CPM(Cost Per Mile，展示计费)：按照访问广告的人数来计算广告的费用，以 1000 人为单位，收费标准是根据广告投放主页的热门程度也就是浏览人数的多少来划分价格等级。这种计费方式适合以广告曝光为目的的广告投放。

(2) CPC(Cost Per Click，点击计费)：以每点击一次为单位的计算费用的方式。这种方式可为广告主节约资金，避免不必要的费用，符合用户的消费习惯。

(3) CPA(Cost Per Action，效果计费)：按照广告投放的实际效果计费，比如用户下载量、提交的订单量等。这种方式符合广告主的诉求，能够避免广告投放风险。

(4) CPI(Cost Per Install，安装计费)：按实际安装情况计算广告费用，主要用于推广应用程序。

(5) CPV(Cost Per View，观看计费)：按照广告完整播放的情况来计算费用，主要用于图片、视频类广告。

(6) CPT(Cost Per Try，试玩计费)：以移动应用的试玩为广告计费标准。这种方式不只是以应用的显示次数或联网激活作为广告计费标准，主要适用于手机游戏、社交移动应用、工具类应用等广告。

4. 移动广告的特点

(1) 精准性。传统广告比如报纸广告、电视广告、网络广告等主要是通过庞大的覆盖范围来达到营销的目的，但是受众群体不确定。而移动广告突破了受众群体不确定的局限性，根据用户的实际情况和实时情景将广告精准投放到了目标用户的移动设备上，具有成本低、效果收益好的特点。传统广告中，广告主购买的是广告位，而现在移动广告更倾向于购买“人”，指被贴上了各种定向标签的目标人群，这些标签可能是以用户的使用时间、兴趣爱好、年龄等进行分类。

(2) 即时性。对于绝大多数用户来说，手机几乎是 24 小时不关机，去哪里都带在身边的，所以手机广告可以随时随地对用户产生影响，广告信息也是及时有效的。

(3) 互动性。手机广告互动性给广告主和消费者之间搭建了一个互动交流的平台，消费者可通过查看产品详情页、咨询客服、观看产品视频等多种方式了解产品的性能，广告主也能通过平台了解消费者的需求，进而改进服务质量。

(4) 扩散性。消费者在体验某款产品后认为效果不错，将产品链接通过微信、微博等方式转发给家人、朋友、同学，这种方式即可将广告扩散至更多需要的人群中。

(5) 整合性。手机广告可将文字、音频、图像、视频等不同形式的内容整合后在不同的平台中呈现给消费者。此时广告可能出现在游戏中、视频中及各类 APP 中。

(6) 可测性。广告主可借用第三方统计工具实现广告渠道的评估，比如说追踪到用户的点击、下载、激活、注册情况，精确统计受众数量。广告主根据统计结果就能客观评估广告效果，改善和制定广告方案，找到最佳的传播渠道，实现产品推广价值最大化。比如说 openinstall，是一款比较精准、灵活、简便的广告效果统计工具，通过 APP 安装来源追踪领域，精确监测用户来源渠道，同时对流量数据、访客行为数据等进行统计，从多个维度帮助广告主及时把握广告效果，对投放的广告方案做合理的分析与调整，将广告推广效益最大化。

(7) 位置性。基于 LBS 的超精准广告为移动广告市场带来了巨大商机，根据定位可以知道用户在哪里，知道用户什么时候在做一些事情。比如说当用户兑换了一张移动优惠券时，便可根据地理位置为广告主提供丰富的信息。

4.2.2 平台营销

1. 微信营销

1) 微信简介

微信是由腾讯公司于 2011 年 1 月 21 日推出的一个免费应用程序，主要是为智能终端提供即时通讯服务。微信支持通过网络跨通信运营商、跨操作系统平台快速发送免费(需消耗少量网络流量)语音短信、视频、图片和文字，也可以使用共享流媒体内容的资料和基于位置的社交插件“朋友圈”“摇一摇”“看一看”“搜一搜”等服务插件。

截止到 2016 年第二季度，微信已经覆盖中国 94%以上的智能手机，月活跃用户达到 8.06 亿，用户覆盖 200 多个国家、超过 20 种语言。此外，各品牌的微信公众账号总数已经超过 800 万个，移动应用对接数量超过 85000 个，广告收入增至 36.79 亿人民币，微信支付用户则达到了 4 亿左右。

微信提供公众平台、朋友圈、消息推送等功能，用户可以通过“摇一摇”“搜索号码”“附近的人”“扫二维码”方式添加好友和关注公众平台，同时微信可以将用户看到的精彩内容分享给好友及微信朋友圈。

2) 微信营销

微信营销是伴随着微信的使用而兴起的。微信没有距离的限制，用户注册微信后，可通过添加好友的方式与其他微信使用者建立一种“朋友”的关系，用户订阅自己感兴趣的信息后，商家通过微信平台向用户推送自己的产品，就可以实现点对点的营销。

微信营销有以下几种营销方式：

(1) 查看“附近的人”。微信中“附近的人”是基于 LBS 的功能插件，可以根据自己的地理位置查找到周围的微信用户。方法是：微信用户打开微信软件后，选择“发现”模块，在“发现”模块中选择“附近的人”选项，就可以查看附近同样使用微信的用户的相关信息，如图 4-15 所示。广告主在人流密集的地方实时运行微信，就可以利用“个性签名”这个免费的广告位为自己宣传，附近的微信用户通过“附近的人”就能看到广告主的信息。

(2) 扫一扫。微信用户可以通过扫描识别二维码身份来添加朋友、关注企业账号。商家则可设定自己的品牌的二维码，用折扣和优惠来吸引用户关注，开拓 O2O 的营销模式。例如，我们在人流密集的商业圈经常会看到有人手里拿着二维码，宣传只用扫码就可以赠送精美小礼品，这实际上就是通过让用户扫一扫关注个人或企业的微信账号方式达到营销的目的。

(3) 微信公众号。商家可以在微信公众平台 https://mp.weixin.qq.com/?token= &lang = zh_CN 注册微信公众号，实时发布推文，从而做品牌推广，如图 4-16 所示。微信公众平台使商家销售渠道更加多元化、丰富化。公众号关注是用户的自主行为，微信公众平台不会随机对微信用户做出推送举动，微信用户如果对该企业微信公众号感兴趣可以自愿通过添加公众号这一唯一途径手动添加。这种出于自愿原则下的内容推送，更容易让用户所接受。

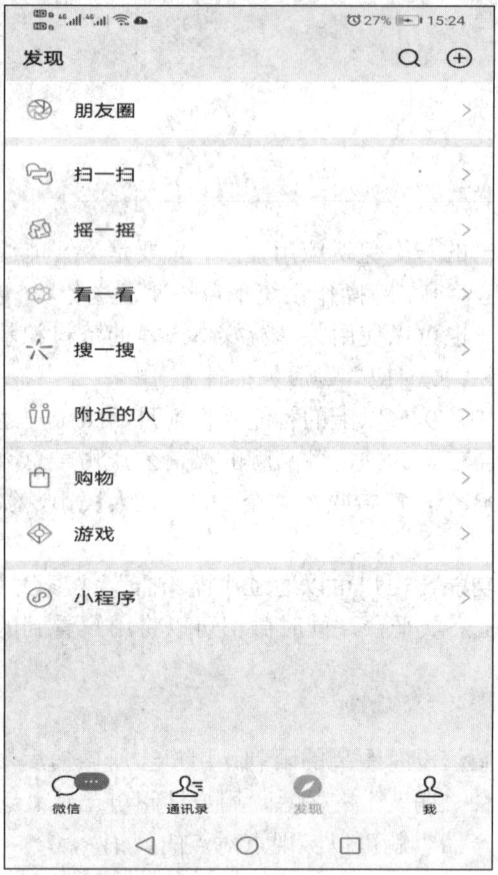

图 4-15　附近的人

图 4-16　小米手机微信公众号

微信公众号包括实时交流和消息发送两个模块。实时交流模块主要进行内容的编辑和制作。公众号的内容形式有纯文字、语音、图片、视频及图文。其中纯文字内容以纯文字形式呈现，语言言简意赅；语音内容则给用户以亲切感、无距离感；图片内容效果直观，带给人视觉的记忆，加深印象；视频内容更加生动形象，对于品牌宣传有重要作用；图文内容是最常见的表现形式，好的内容可以达到视觉冲击的效果。在进行微信公众号的推送时，要拟好标题和摘要，因为用户在手机上首先看到的消息就是推文的标题和摘要，新颖的标题和摘要能立即吸引用户的兴趣。微信公众号的后台有一个订户分类，可按照地域、新旧客户分类，针对不同的人群分类提供他们想要的内容。

公众号图文推送转化率受一级受众群体的打开率和分享率的影响。图文要遵循价值内容优先原则，推文中的图片不能太大否则影响打开速度，也不能太小，否则图片模糊不清，推文中不能是纯粹的推销产品，要试着将企业的品牌价值与受众的兴趣点相融合。

微信公众号的运营技巧：一是要对微信公众号进行定位，也就是账号的运营方向；二是要提供有价值的内容，推送的内容要符合用户口味；三是推送内容的选择，每次推送的内容含有太多的广告会让用户产生反感的情绪；四是通过折扣等方式提高转化率。

(4) 朋友圈。朋友圈营销对象是微信好友，用来向微信好友销售，通过熟人之间的信任感提高购买率，也叫做“熟人经济”。可以将产品相关信息或体验效果分享至朋友圈，也支持以网页链接的形式打开，如图 4-17 所示。朋友圈营销的优点是口碑提升快，缺点是营销圈子有限，受众的范围受微信好友人数的限制。朋友圈营销时需注意不要过度推送产品广告而严重骚扰用户，因为朋友圈是个分享和记录自己生活的一个平台，当好友打开朋友圈时整个屏幕上全是你的广告营销会让人感到排斥，导致被拉黑。

图 4-17　朋友圈

朋友圈的运营技巧通常有三点：一是加强朋友圈的互动。可增加评论回复的频率，提升朋友圈粉丝的互动积极性，从而带动更多的好友参与进来；二是引入一定的商业模式。如在朋友圈中引入“限量限时”抢购字眼以此来吸引用户的加入；三是就地取材。可以将生活中点滴琐事、身边的事物与营销内容有机结合起来，在适合的时间和地点分享到朋友圈也能吸引朋友圈的流量。

(5) 微商城。微商城也叫做微信商城，是第三方开发者基于微信而研发的一款社会化电子商务系统。消费者可通过关注企业的微信商城公众号或者扫描微商城二维码即可进入微信商城平台，实现商品查询、选购、体验、互动、订购与支付的线上线下一体化服务模式，如图 4-18 所示。微商城的优点是覆盖广，线上线下、六大平台(PC 端官方门户网站、手机端官方门户移动网站、移动 3D 虚拟购物中心、手机端 APP 定位搜索综合平台、微信公众平台、店面框架动态广告联动平台)联动传播；效果好，受众精准、用户反馈速度快、互动性强、消费会员体系庞大；成本低，微商城的广告投入成本比传统广告低；功能强大，在微商城中广告展示、在线消费、自动定位、自动搜索、在线互动、在线娱乐应有尽有；超时尚，能全方位展示移动 3D 商城。

(6) 微信小程序。微信小程序于 2017 年 1 月 9 日正式上线，它是一种不需要下载安装即可使用的应用，它实现了应用触手可及的梦想，用户扫一扫或搜一下即可从微信平台中打开应用，如图 4-19 所示。微信小程序应用数量超过一百万，覆盖 200 多个细分的行业，日活用户达到两个亿。微信小程序的优点是用完即走，用户不需要担心手机是否安装太多应用的问题，应用将无处不在，随时可用，也无需安装卸载，适合生活服务类线下商铺以及非刚需低频应用的转换；能实现消息通知、线下扫码、公众号关联等七大功能。

图 4-18　拼多多微商城入口

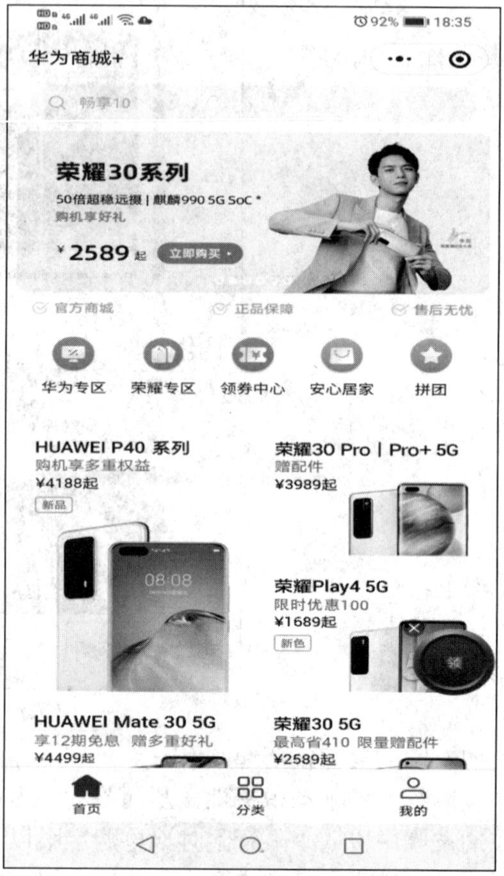

图 4-19　华为商城小程序

微信小程序的营销方法通常有四种：一是线下扫码，用户不需要下载安装电商小程序，只需通过微信扫描店铺门口的二维码即可进入门店小程序，用户通过小程序可了解到店铺的一些基本信息，也可以下单购买；二是商家利用附近小程序的功能，将小程序直接放在互联网进行宣传，在店铺五公里范围之内的微信用户都可以搜索到小程序，用户选择微信中的“发现”模块，单击“小程序”后进入到“小程序”页面，在小程序页面中选择“附近的小程序”即可查看附近的商家小程序，如图 4-20 所示，真正实现线上和线下对接，进而帮助商家达到更好的推广效果；三是通过微信搜索，由于每个商家的微信小程序名称都是唯一的，并且包含店铺的关键词，因此用户可直接在微信中进行关键词搜索，系统进行模糊匹配罗列相关的小程序列表供用户选择；四是通过转发朋友圈的方式，商家可将店铺微信小程序的海报转发至自己的朋友圈，朋友圈中的朋友帮助转发即可实现裂变。

图 4-20　小程序页面

微信小程序和前面提到的微商城不同，区别在于四点：第一，入口途径不同。微信小程序入口有多种，如通过附近小程序、搜索、扫描二维码等；微商城只能先关注公众号，然后从公众号底部菜单进入；第二，用户体验不同。小程序几乎拥有原生 APP 的体验效果，无需安装、注册和卸载，也不用考虑手机系统是否兼容，启动加载更快，运行流畅，简单易操作；第三，用户获取不同。小程序的用户获取途径有朋友圈的分享、微信好友的发送，线下通过实体店、产品外包装等流量导入，微商城则主要依赖公众号的运营，通过不断推送文章或开展相关活动来吸引用户；第四，用户留存不同。小程序在第一次使用之后会在“最近使用”小程序列表中保留使用记录，而微商城还是依赖微信公众号，运营者通过一些促销活动的推送与用户建立二次联系，因此，在用户留存上，微商城优于小程序。

2. 微博营销

1) 微博简介

微博全称是微型博客，是指一种基于用户关系进行信息分享、传播以及获取的通过关注机制分享简短实时信息的广播式的社交媒体、网络平台，允许用户通过 Web、Wap、Mail、APP、IM、SMS 访问，也可以通过 PC、手机等多种移动终端接入，以文字、图片、视频等多媒体形式，实现信息的即时分享、传播互动。微博主要指的是新浪微博，国内还有腾讯微博、网易微博、搜狐微博等几种微博平台。

2018 年 6 月，微博的月活跃用户数(MAU)较上年同期净增约 7000 万，达到 4.31 亿。月活跃用户数中 93%为移动端用户。

微博的特点：一是便捷性，微博用户只要有网随时随地都可以发布文字、图片或视频等，供别人浏览。一些大的突发事件或引起大家关注的大事，只要微博用户在场，发布出来后，实时性现场感以及快捷性，甚至超过传统媒体。同样微博用户也可以作为观众，在微博上浏览感兴趣的信息。微博发布的内容一般较短，限制一定的字数。二是传播性，微博的入口较多，可以通过浏览器、移动端 APP 等方式进入。微博用户对象广泛，任何人都可以加入。在微博中，信息的获取具有较强的自主性和选择性，用户可以根据自己的兴趣偏好来选择是否“关注”某个微博用户，还可以对所有“关注”的用户群进行分组，微博宣传的力度很大，发布的内容质量越高，拥有的粉丝量可能更多，比如说如果拥有 100 万的粉丝，那么发布一条微博瞬间可传播给至少 100 万人。三是原创性。在微博上，很多用户都是分享记录自己感兴趣的人和事等，因此原创性较高，贴近生活。

2) 微博营销

微博营销是指通过微博平台为商家、个人等创造价值的一种互联网营销方式，这种营销方式以微博为营销平台，每一个粉丝都是潜在的营销对象，商家通过微博可向网友传播品牌文化、产品信息，树立良好的企业品牌形象和产品形象。更新内容后还可以在评论中与网友交流互动，或者发布大家感兴趣的话题，达到营销的目的。

微博营销的特点是在成本上投入低，效果好；在覆盖面上覆盖广，支持手机、电脑等各种平台，覆盖人群多；在效果上受众的针对性强，关注的对象多是对该品牌感兴趣的粉丝；在技术上，支持文字、图片、视频等多种表现形式，从多维角度对产品进行描述；在人性化上更具有亲和力、感染力；微博内容更加开放，几乎什么话题都可以发起；在距离上，拉近了商家与用户之间的距离；传播速度快，一条微博发布后能在短时间内被其他用户浏览；便捷性，只需要编写好 140 字以内的文案就可以随时随地发布，操作简单，更加快捷；互动性强，针对粉丝的疑问进行实时互动。

微博营销分为个人微博营销和企业微博营销两种。

个人微博营销以明星、成功人士为主，主是依赖个人本身的知名度来让粉丝更进一步了解自己和喜欢自己，也能吸引更多的粉丝加入，如图 4-21 所示。

企业微博营销主要是指企业以盈利为目的，通过微博来增加自己的知名度，介绍产品的相关信息，如图 4-22 所示。企业微博发布的内容可以是企业动态信息，但是需要注意的是内容必须是用户感兴趣的、对用户有用的、有趣的信息，也可以是行业信息、优惠折扣信息、广告宣传。广告宣传注意把握节奏，发布广告的频率不能过高，而将微博完全变成了公司广告平台。微博也可以发布招聘信息、收集客户反馈的信息等。

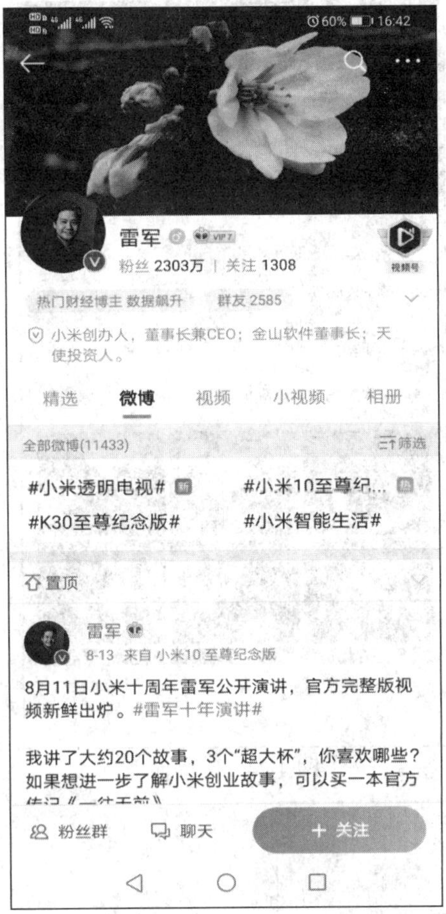

图 4-21　个人微博

图 4-22　企业微博

微博营销的技巧如下：

(1) 注重价值的传递：企业微博经营者要注重向粉丝传递企业的价值，如图 4-23 所示。注重个性化。微博内容不能与其他微博内容相似，要体现个性化，具有很高的黏性，可以持续积累粉丝与专注，如图 4-24 所示。

(2) 注重发布的连续性：微博要定时、定量、定向发布内容，让粉丝养成观看习惯。

(3) 注重加强互动性：没有与粉丝互动的话，会让粉丝觉得有距离感，慢慢地就容易脱粉，所以需要加强与粉丝的互动，如图 4-25 所示。

(4) 注重系统化布局：微博营销想要取得持续性的成效，就不能脱离了系统性，需要进行长远布局谋划，才能发挥更大的作用。

(5) 注重准确定位：对于企业微博来说，“粉丝”不仅需要数量更需要质量。微博粉丝很多，但是转载、评论留言的人很少，这样宣传起不到效果。企业需要定位，发布的内容应该围绕目标顾客感兴趣的点展开。

(6) 注重专业化：企业微博代表着企业的形象，专业化是一个企业微博重要的竞争力指标。不专业的内容很容易遭到粉丝的质疑，对企业不利。

(7) 注重表达技巧和方法：在内容的编辑上，要注意表达方法，例如疑问的话题相较于直白的阐述更容易引起粉丝的思考与讨论，热度就更高。

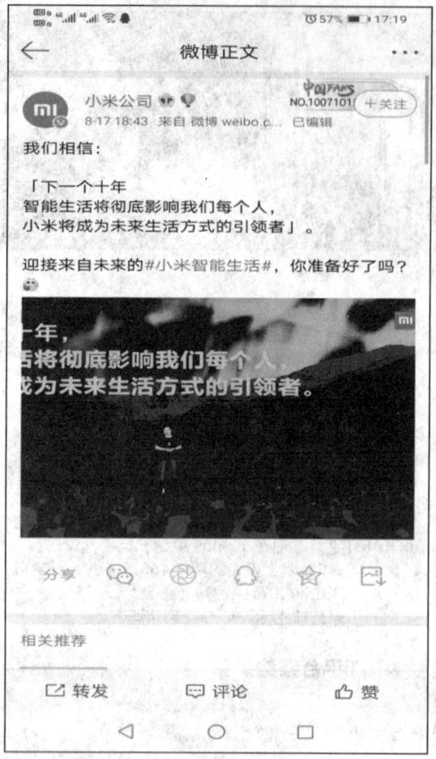

图 4-23　小米微博

图 4-24　时尚博主

图 4-25　微博互动

(8) 微博获得粉丝关注的策略：一是实名认证，使用真实的照片做头像。在网络世界里，网友们更倾向于信任使用实名的微博博主，如图 4-26 所示。二是微博个人介绍和标签要有个性、吸人眼球。三是积极参与当前热点话题的讨论。四是企业微博可以在微博中发起线上线下的活动，如有奖问答、折扣等活动。五是多关注社会热点事件，发表或转发相关内容。六是关注公益，参与公益活动，提升品牌知名度。

图 4-26　微博实名认证

3. 抖音营销

1) 抖音简介

抖音是一款社交类的软件，于 2016 年 9 月 20 日上线，通过抖音 APP 你可以分享你的生活，认识更多的朋友，了解各种奇闻趣事。同时它也是一个面向全年龄段的音乐短视频社区平台，在这里用户可以发布舞蹈表演、剧本模仿、才艺表现、情感表达、技能分享、生活记录等内容，拍摄 15～60 s 的短视频，然后进行编辑、特效处理并配上潮流音乐，打造自己的作品。抖音是互联网的新兴产物，是继微博、微信之后的第三大互联网流量入口，各政府职能部门、各级媒体、企业、商家纷纷入驻，如图 4-27 所示。截至 2020 年 3 月抖音用户规模为 518 亿，同比增长 14.6%，月人均使用时长为 28.5 小时，与去年同期相比增长 72.7%。使用时长超过浏览综合资讯。

图 4-27　抖音用户

抖音的信息承载量大，形式丰富，内容生动，正逐渐取代图文成为营销的新战场。抖音的用户特征呈现多元化。用户群体分为三类：一是专业生产者，通过组织、团体等强运营手段，拍摄质量高的视频，通过该平台进行导流、商业变现或宣传营销。二是内容分享者，记录生活点滴。三是娱乐消遣者，有一定的娱乐需求，通过该平台打发时间或参与社区互动获得满足感。用户年龄分布广，但集中在 24～30 岁，核心用户在一二线城市，有往四五线城市发展的趋势。

2) 抖音短视频营销

抖音营销制作具有成本低廉、受众目标精准、用户参与度高、传播速度快、范围广等特点，使得抖音已成为许多商家开展品牌营销的重要阵地。

抖音营销的优势在于：

(1) 抖音营销受众目标明确：商家产品及品牌要想得到快速推广，必须获取精准的营销资源。抖音正好给商家提供了绝佳的机会，抖音在推出之时，用户定位就是碎片化娱乐需求之下的年轻化人群。打开抖音，用户立马就能感受到青春的气息，如动感的画面、强有力的节奏、酷炫的音乐，等等，进入这样的一个年轻人的世界，在这样的氛围感染下顿时放松心情。

(2) 抖音内容更加精致：抖音视频拍摄时间为 15～60 s，用户自然会在短时间内浓缩内容，因此视频内容更加精致、质量更加精良，优质的内容也让其他用户的参与度更高，记忆点更加鲜明，抖音视频的简短精良之处，成为品牌营销的极大卖点。

(3) 抖音操作简单、易于上手：抖音中有特效滤镜、美化、魔鬼炫音等功能，如果用户觉得抖音里的剪辑还不满足需求，抖音官方还推出了一款手机视频编辑工具——剪映，可用于手机短视频的剪辑制作和发布。在剪映中，有全面的剪辑功能，支持变速，多样滤镜效果以及丰富的曲库资源，傻瓜式操作，简单易学，深受用户的喜爱。

(4) 抖音内容创造多样化：抖音的火爆也使得很多明星纷纷加入了抖音，抖音内容创作更加多样化，有美食、美妆、搞笑、生活、育儿、养生和故事讲解等，抖音内容从垂直向生态逐渐发展，有利于提升用户黏性和活跃度。

3) 抖音营销策略

(1) 利用抖音的开屏广告。有数据显示，抖音中女性用户比男性用户多，而且用户大多来自一、二线城市，有购买能力，因此美妆、服饰、家居等品牌商家可充分利用抖音平台进行产品推广，增加曝光率来扩大品牌的影响力。例如华为 P20 系列就尝试了用抖音的静态开屏广告宣传，除了具体展示产品的特性以外，还包含购买链接，用户无需另外自行搜索直接点击链接就能马上了解手机的更多详细信息，甚至可以立马下单购买，如图 4-28 所示。

图 4-28 P20 系列抖音广告

(2) 利用明星、网红的粉丝效应。品牌与入驻抖音的明星合作，是最直接的获取关注和传播的方式之一。明星本来就自带流量，有很多的粉丝，当品牌为明星代言人制作符合抖音用户使用习惯的视频内容时，就利用了明星的聚众效应，将对明星的喜爱与具体的产品组合、嫁接联系起来，将明星的价值转移到产品上面，从而产生爆款产品。与抖音网红合作也是比较流行的营销方式，因为抖音网红也是在抖音上火起来的，用户并不反感抖音网红视频的软性植入，品牌可以借助抖音网红的影响力实现更好的传播效果。

(3) 建立抖音官方企业号。企业可注册抖音账户，进行官方认证，以企业的身份呈现在大众面前，在抖音上通过短视频方式将品牌文化、品牌价值传递给广大用户，与粉丝互动沟通，提高用户的购买欲望，如图4-29所示。

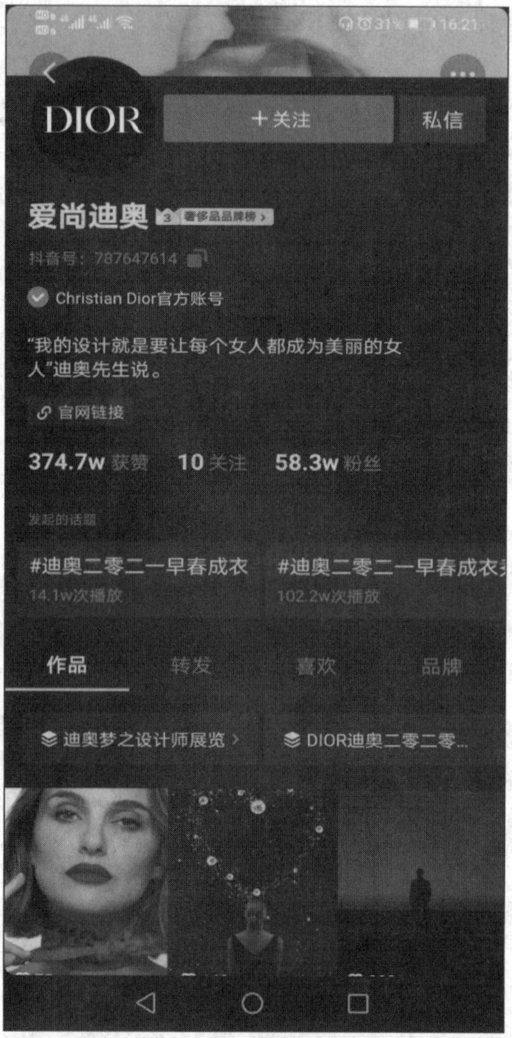

图4-29　迪奥官方抖音账号

(4) 利用热点话题引流。抖音上时不时就会出现热门话题，可将热门话题与产品结合起来，加入热点话题的讨论，同时晒出产品，在强曝光下好的产品必然带来大量用户的关注，达到引流目的，吸引用户购买，如三只松鼠，在抖音上的粉丝量高达302.5万，基本上抖音上的热门音乐和热门拍摄手法它们都会玩一遍，比较受年轻用户的喜爱和认可。

实训项目 4　微店申请与营销

实训目标

(1) 了解微店的申请方法。

(2) 掌握微店的营销技巧。

实训环境

Android 或 iOS 智能手机，开通 4G/5G 网络或 WiFi。

实训背景知识

微店是微信进行电商变现的一个产物，零成本就能开设的小型网店。微店的优势是开店时没有资金压力、没有库存的风险，没有物流的烦恼，只需利用碎片化的时间和个人社交圈即可进行营销推广。有些平台开店要求比较高，手续繁杂，比如若在抖音里开店就有限制条件，如果以个人身份在抖音里开店需要进行个人认证，包括发布视频不小于 1 个，粉丝量不小于 10000 名。如果以企业身份开店还需要进行企业认证，包括需要有企业的营业执照、认证公函、还需要认证审核服务费。而要想开微店，任何人通过手机号码即可注册自己的店铺，并通过一键分享到微信朋友圈来宣传自己的店铺，降低了开店的门槛和复杂的手续。微店中包括店铺管理、客户管理、商品管理、订单收入、数据分析、营销推广和店面装修等模块。

实训内容

1. 申请微店

(1) 打开手机上的应用商场，在搜索框中输入“微店”，下载安装“微店”APP，如图 4-30 所示。

(2) 打开“微店”APP 后，显示“登录页面”，如图 4-31 所示，如果是第一次登录，则需要点击“登录”页面中的“注册”按钮，进入“注册”页面，如图 4-32 所示，输入手机号，勾选已阅读并同意的复选框，点击“下一步”，填写验证码及新密码后，进入“快速开店”页面，如图 4-33 所示。

(3) 在“快速开店”页面中输入店铺名称，上传店铺 logo 后，点击“完成”按钮，进入到“选择你的经营模式”页面，如图 4-34 所示。

(4) 在“选择你的经营模式”页面中选择想要的经营模式后，点击“我选好了”按钮，进入微店首页，如图 4-35 所示。

(5) 在微店首页中的“新手开店任务”中点击“认证店铺”的“去完成”按钮，如图 4-36 所示。选择其中的一种认证类型后填写相关信息即可，如图 4-37 所示。同理点击“上架商品”和“打理店铺”，完成对应的任务即可。

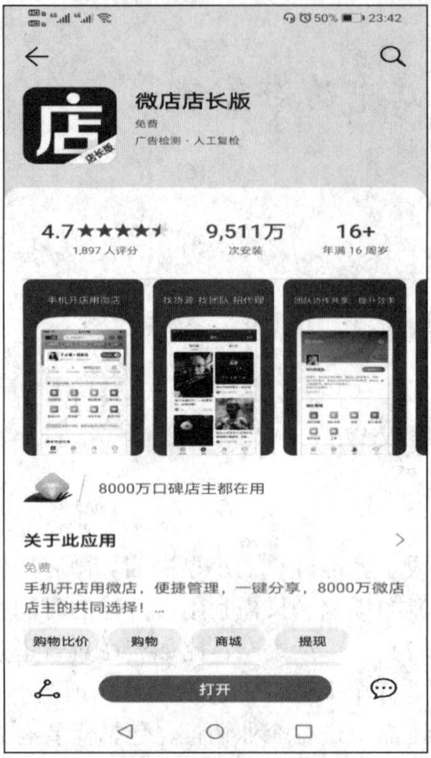

图 4-30　微店店长版 APP

图 4-31　微店登录页面

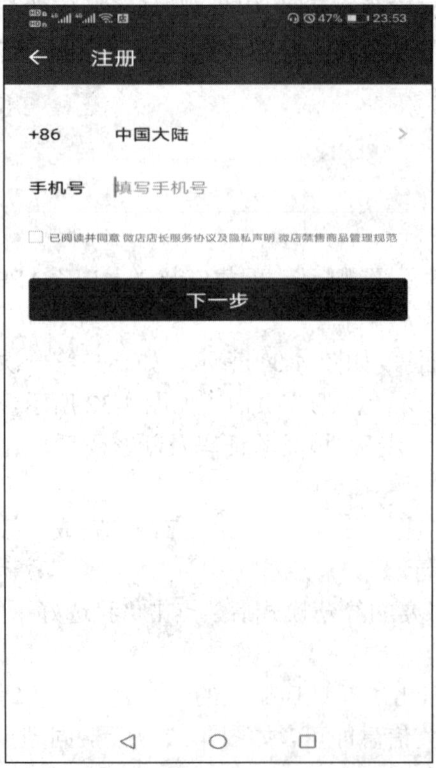

图 4-32　微店注册页面

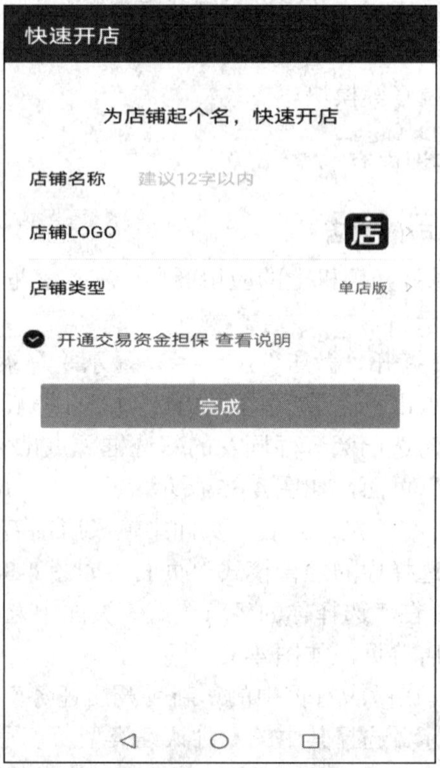

图 4-33　快速开店页面

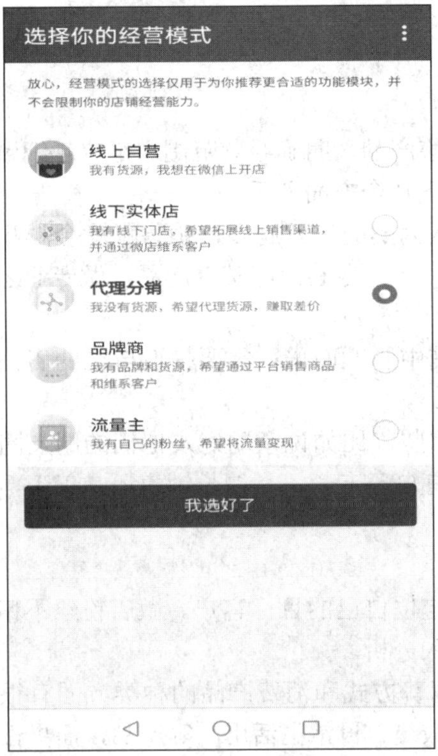

图 4-34　经营模式选择

图 4-35　微店首页

图 4-36　新手开店任务

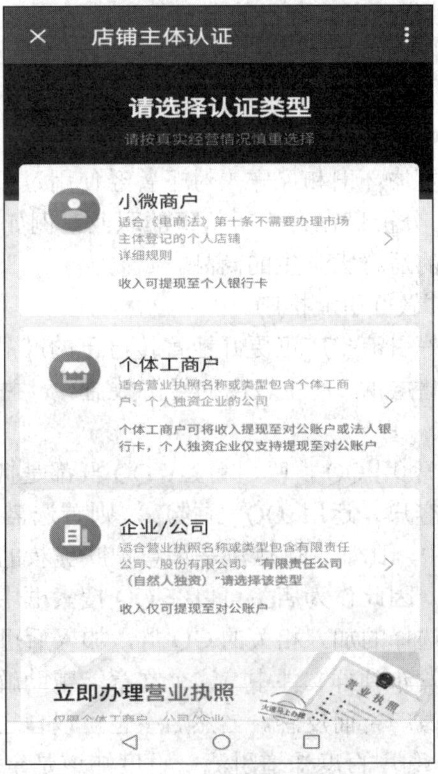

图 4-37　店铺认证

2. 微店营销

微店营销技巧如下：

(1) 做好店铺定位。

微店定位是指经营微店时要有针对性地销售产品，明确经营范围。定位越细致，越可突出特色，越容易得到客户的认可，可以从以下几个方面入手：

① 产品专而不杂：很多新手在开微店时认为卖的东西越多，销售量就会越高，实际上，新手切忌产品杂而不精，要先利用自身的优势，专心做好某款产品，做专业之后再考虑拓展其他产品。

② 打造店铺风格：要想微店在同一类店铺中脱颖而出，需要打造自己的店铺风格，其风格体现店主的经营理念，也是店铺的灵魂。

③ 利用优势：店主要明确自己的优势有哪些，比如说亲朋好友他们的朋友圈好友、职业圈、社群圈，都是优势，可加以利用。还有自己专长，是擅长销售还是美工，会设计好看的页面，还是会写精美的文案。

(2) 做好客户群体定位。

客户群体定位是指要分析客户群的特点，定位自己的目标客户。微店粉丝不精准，销售情况也会不稳定，因此需要对客户群进行深入分析。

① 分析客户群的性别比例：男女客户在消费方式和消费产品的种类方面有很大的区别，一般的女性客户比较喜欢购买一些美妆、服装、日常生活用品等产品，而男性客户喜欢购买电子产品类等。

② 分析潜在客户的消费水平：如果客户多是消费水平比较高的人群，则产品的质量要高，比如说款式、质地、做工和档次等，而对普通客户来说，产品应讲究性价比。

③ 分析潜在客户的年龄段：青年人喜欢追求时尚和新颖，喜欢购买一些具有特色的产品；中年人注重商品的内在质量和性能，喜欢购买一些大众化的、易于被接受的产品；老年人更加怀旧和保守，对于曾经使用过，效果好的产品进行二次购买。

④ 分析潜在客户所从事的职业：例如如果朋友圈好友大多是大学生，则可以选择一些时尚的适合大学生的商品。

(3) 做好引流推广。

做好引流推广可更好地宣传自己的产品和店铺，提高流量转化率，改善店铺经营状况，提升销售层次，产生较高的经济效益。店主可通过一些引流工具(QQ 群、百度知道等)来吸引粉丝。

① 利用 QQ 群吸引粉丝：QQ 群都是拥有共同兴趣爱好的人的聚集地，在这里可以找到精准客户。运用 QQ 群推广，则首选需要根据自己的商品特点，有选择地加入相关的 QQ 群中，比如说微店里是销售护肤美妆的产品时，则目标客户群应该是喜欢护肤、爱美的女性，因此作为店主可以在 QQ 搜索框中输入“护肤”“化妆”“时尚”等关键词进行搜索，有选择的加入相关的 QQ 群，加入后可以以客户的角度撰写一篇与自己产品相关的经验文章发布到群文件中，这个文章能帮助解决群里其他网友的疑问，这样不会让别人觉得你是在做广告而反感。当然店主也可以自己创建 QQ 群，在群里宣传自己的产品。

② 利用百度知道引流：百度知道是全球最大中文互动问答平台，每天为数亿网民答疑解惑。用百度知道推广也是一个比较好的途径。店主可在百度知道中搜索与产品相关的

问题并回答，在回答问题的时候最好以体验者的口吻回复，顺便在其中插入广告。也可以自问自答。比如说“哪一款洗面奶比较好用？”这样的问题，然后在至少间隔2个小时后以切换IP地址、切换账号或切换浏览器的方式再回答问题，回答时以过来人的身份回答，自然地植入软文广告。

项 目 小 结

➢ 本项目主要介绍移动电子商务营销的相关知识，包括移动电子商务营销的定义、特点、发展历程、发展趋势以及移动电子商务的营销模式。

➢ 移动电子商务营销模式主要是移动广告营销和平台营销。移动广告营销主要分为banner广告、插屏广告、全屏广告、信息量广告和积分墙广告营销。平台营销有微信营销、微博营销及抖音营销等。

➢ 着重介绍了平台营销各自的特点和营销策略及技巧。

➢ 通过申请微店了解移动营销的具体方法。

项目 5

移动电子商务支付

引导案例

近期新闻报道，自 2020 年 10 月 23 日起，武咸、武石、武冈、武孝四条城际线路开通“铁路 e 卡通”扫码乘车应用，旅客在选乘本线始发终到列车时，无需购票，可通过“铁路 e 卡通”应用直接自助扫码乘车，如图 5-1 所示。旅客通过 12306 官方 APP 自助完成“铁路 e 卡通”注册、充值，通过闸机扫描乘车二维码完成进出站、扣除票款。现如今，扫码乘车广泛应用于公交、地铁等公共交通，“铁路 e 卡通”顺应趋势，将便捷的扫码支付和快捷的高铁出行进行了有机的结合，极大地方便了旅客的出行，实现旅客随到随走，乘车体验更加方便、快捷。“铁路 e 卡通”就是移动支付创新产品，那么什么是移动支付呢？如何进行移动支付呢？

图 5-1　铁路 e 卡通

任务 5.1　移动电子商务支付概述

任务情景

一年一度的“双十一”促销节又要开始了，淘宝上各种商家店铺提前开始了预售，小张在淘宝店铺里看中了一双运动鞋，上面显示“付定金 30 元，立减 100 元”的促销活动，小张随即通过手机移动支付了定金，在“双十一”当天再付剩余的尾款即可以优惠的价格买到自己心仪的鞋子。小张感慨：智能化的移动支付真是给人们的生活带来了极大的便利。

本任务就带领大家一起来学习移动电子商务支付的相关知识。

知识链接

为了满足移动电子商务支付的需求，移动支付应运而生。移动支付已成为人们出行及日常生活中不可或缺的一部分。根据中国互联网信息中心(CNNIC)2021 年发布的第 47 次《中国互联网络发展状况统计报告》相关数据显示，中国移动支付用户规模逐年递增，手机网络支付用户规模达 8.53 亿，较 2020 年 3 月增长 8744 万，如图 5-2 所示。

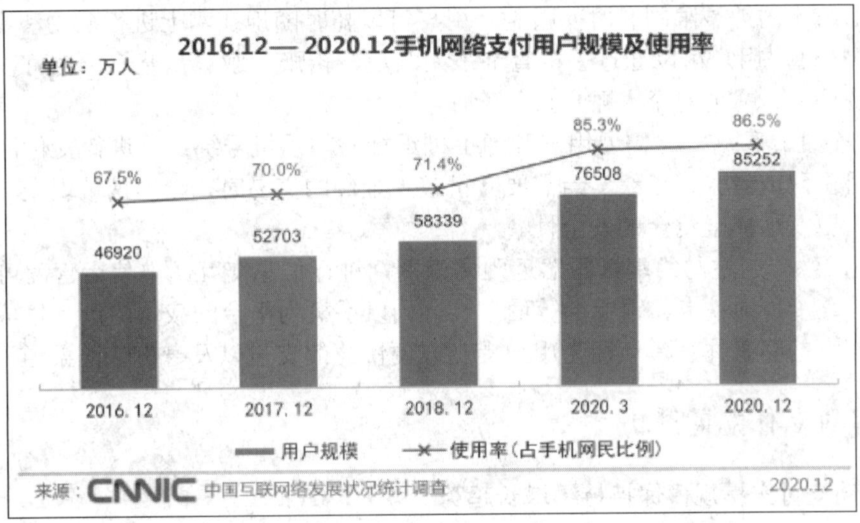

图 5-2　2016—2020 年中国移动支付用户规模及预测

根据中商产业研究院相关统计，2016 年全国移动支付金额仅 157.55 万亿元，2017 年突破 200 万亿元，2020 年全国移动支付金额 432.16 万亿元，同比分别增长 24.5%，如图 5-3 所示。

图 5-3　2013—2020 Q1 年中国移动支付交易规模

5.1.1 移动支付的定义及特征

移动支付是指移动客户端利用手机、PAD等移动终端进行电子货币支付，它将终端设备、互联网、应用提供商以及金融机构相融合，构成了一个新型的支付体系，为用户提供货币支付、缴费等金融业务，也成为用户缴纳话费、燃气、水电等生活费用的新渠道，开创了新的支付方式，使电子货币开始普及。

移动支付的特征有：

(1) 移动性。移动支付打破了传统支付对于时空的限制，使用户随时随地进行支付活动。传统支付以现金支付为主，用户与商家之间需要面对面支付，有时消费者还需长途奔波到指定地点如营业厅办理现金业务，而移动支付以手机、PAD等移动设备支付为主，摆脱了营业厅特定的地域限制和时间限制。用户可以随时随地在网上进行购物和支付活动。

(2) 便捷性。用户可以通过手机查询个人账户、转账、缴费及充值，也可以随时查询自己的消费信息，方便对个人账户进行管理。

(3) 安全性。移动支付需要用户开通手机银行并与手机号绑定，进行支付活动时，需要输入支付密码或者验证指纹，当需要支付较大金额的交易时，无须携带现金，移动支付即可完成，更好地保证资金的安全性。

(4) 集成性。通过与终端读写器近距离识别，进行信息交互，电信运营商可以将移动通信卡、公交卡、地铁卡、银行卡等信息整合到以手机为平台的载体中进行集成管理，并搭建与之配套的网络体系，从而为用户提供方便快捷的支付以及身份认证渠道。

5.1.2 移动支付发展现状

1. 移动支付交易规模保持持续增长趋势

如图5-3所示，2017年移动支付交易规模为202.9亿元，较2016年增长28.7%；2018年移动支付交易规模为277.4亿元，较2017年增长36.7%；2019年移动支付交易规模为347.1亿元，较2018年增长25.1%。未来移动支付交易规模将在用户规模以及支付频率上升的驱动下持续增长。

2. 移动支付场景多元化发展

移动支付场景不仅仅局限于线上电商平台，也用于线下支付。艾媒咨询2020年上半年中国移动支付行业研究报告显示，目前用户最常用的移动支付工具的三个场景分别为餐饮消费、小型实体店(便利店)消费和电商平台网购，三者分别占比为69.5%、69.0%、65.3%。其他应用场景有生活缴费、充值服务、乘坐公共交通工具、中大型实体商场、转账理财还贷、停车缴费等。

3. 移动支付服务形式日益丰富

在早期，用户进行移动支付需要借助手机SIM卡，通过内置芯片的方式完成电子交易数据的识别和传输。随着移动支付技术的成熟发展，使得移动支付摆脱了硬件的束缚，可直接通过云端信息传递完成电子交易数据的传输，如云技术的推广。目前，移动支付服务形式主要有两种：一种是基于支付宝、微信等支付软件，通过扫描二维码的方式完成移动支付；另外一种是基于云闪付等支付软件，在无须接触、无须输入密码的情况下完成快速支付。

5.1.3 移动支付应用领域

随着信息技术的不断发展，移动支付已渗透到了生活的各个领域，极大地提升了人们的幸福感。

1. 购物方面

电子商务的快速发展，使得人们越来越热衷于在电商平台上购物，付款时就用到移动支付，既省时又省力。除了线上购物以外，线下各个大型商场，甚至是路边的小服装店、便利店都提供二维码方便用户扫码支付。人们出门再也不用带现金出门或者去银行取现金了，直接通过手机移动支付就可以结账。

2. 饮食方面

现代快节奏的生活让人们很少有时间自己做饭，于是美团、饿了么等网上订餐平台就应运而生，移动支付的快捷性使这些餐饮类的应用软件快速打入餐饮行业，消费者在家或者在公司即可直接从订餐平台上下单并支付金额，然后等待外卖的到来。当然，线下的餐饮店同样支持移动支付，给用户带来方便的同时也给商家带来了诸多便利。例如，商家再不用每天储备零钱找给顾客，同时平台还能将商家在移动支付中的收入汇总，然后进行经营分析，了解顾客的回访量以及主要的交易时段是什么时间，方便商家掌握自己的经营情况。

3. 生活方面

随着支付宝、微信等移动支付平台的发展，移动支付应用范围不断扩大。例如：人们可进入支付宝或者微信的城市服务平台中，缴纳家里的水费、电费、燃气费等；购买理财产品、保险等；进行手机话费充值：向他人进行转账服务；网上挂号；查询消费情况……移动支付在生活中的应用还有很多，已成为人们生活的一部分，并潜移默化地改变着人们生活方式。

4. 出行方面

以前坐公交车需要自备零钱，或者带公交卡，但现在人们更习惯通过移动支付方式付款。在这种新趋势下，银联就在交通支付领域推出了银联 IC 卡闪付、银联二维码支付产品。只要用户拿着借记卡或贷记卡等带有“闪付”标识的银联芯片的卡靠近车载刷卡设备感应区，就可以实现极速扣款乘坐公交。用户只用打开银联云闪付 APP，在首页选择“乘车码”即可开通并使用乘车码乘车，将乘车码靠近公交车扫码区，即可“一扫即付”。也可使用支付宝或微信中的乘车码乘车。

5.1.4 移动支付发展趋势

近年来，人们在日常生活中使用移动支付的习惯逐渐养成，如即便在农村，老人们也会出示二维码方式收款，第三方移动支付渗透率达到较高水平，市场成倍增长的时代结束，正式步入稳定发展阶段。从便捷和安全支付的角度来看，支付方式从远程支付、二维码支付、NFC 近场支付发展为刷脸支付、声波支付等。移动支付未来的发展趋势主要有以下几方面：

(1) 移动支付将步入生物识别时代。传统的移动支付在身份认证方面主要依靠个人身份证号、银行卡号、绑定的手机号以及支付密码等，随着科学技术的不断进步，人脸、声纹、指纹、虹膜等生物识别技术将在金融支付领域推广普及，声纹识别如图 5-4 所示。

图 5-4　声纹识别

(2) 支付产品更加安全、个性化和智能化。一是金融科技与移动支付的加速融合将推动包含生物特征、多维交叉结合的创新支付认证技术的广泛应用和普及，支付技术将更加安全，扫码支付可能将被创新支付认证技术所取代。二是大数据、云计算、区块链等科技手段与移动支付加速结合将推动移动支付的自主性和便捷性达到一个质的飞跃，个性化的移动支付产品和贴心的综合服务能力，会成为商家选择支付服务商的主要考虑因素，支付产品将更加个性化、智能化。

(3) 移动支付技术将促进支付账户、支付工具、交易信息的大融合。一是支付账户融合。由于单卡多账户、多卡多账户给消费者使用带来不便，未来智能终端将会作为各类支付工具的入口，实现支付账户的融合。二是支付工具融合。随着移动支付场景持续增长，线上、线下界限将被打破，实现深度融合，消费体验将趋于统一。三是交易信息融合。传统基于地理位置的和产业链的信息割裂现状会被打破，信息及信息通道进一步贯通，真正的大数据时代将会到来。

任务 5.2　移动电子商务支付类型

任务情景

小张来超市购物，选好东西后来到收银台，收银员用扫描枪对商品扫码结算后，小张拿出手机，打开微信的付款码出示给收银员，收银员通过扫描枪扫描小张的付款码，就完成了交易，并打印付款成功后的小票给小张，如图 5-5 所示。小张感慨移动支付的发展真是太快了，出门再也不用带现金了，带个手机就行了。本任务将带领大家一起来了解移动支付的运营模式。

图 5-5　移动支付交易

知识链接

移动支付的业务可分为三类，即以移动运营商为运营主体的移动支付业务、以金融机构为主体的移动支付业务以及以第三方服务提供商为主体的移动支付业务，多样商业模式互相竞争推动了行业的发展。

5.2.1　以移动运营商为主体的支付

移动运营商作为移动支付平台的运营主体时，移动运营商给用户设置了移动支付的账户，这个账户就是用户手机话费账户或专门的小额账户，用户所发生的移动支付交易费用全部从话费账户或小额账户中扣除。比如说通信代收账户就是移动运营商为用户提供的一种小额支付账户，用户在网上购买电子书、歌曲、视频、软件、游戏等虚拟产品时，只需要用户手机发送短信等方式进行后台认证，并将账单记录在用户的通信费账单中，月底就可以进行合单收取。目前我国三大运营商是移动、联通和电信，如图 5-6 所示。

图 5-6　三大移动运营商

移动运营商主导的移动支付的优势是：运营商拥有庞大的客户资源，并且拥有手机付费账户，通过账户即可实现支付，不需要银行参与支付活动，可与用户直接接触；移动运营商具有网络资源优势及技术和研发基础，且开发附加成本比较低。

移动运营商主导的移动支付的缺陷是：移动运营商需要承担金融机构的责任和风险，否则会与国家的金融政策产生冲突。

5.2.2 以金融机构为主体的支付

以金融机构为主导的移动支付分为两种，分别是以银联为主导和以银行为主导的移动支付模式。

银联是国内银行卡信息交换网络的金融运营机构，所提供的移动支付平台接入服务是银行卡支付服务的延伸，有别于商业银行个性化的手机银行业务，属于为所有商业银行持卡人提供统一和普适的一种金融服务。银联覆盖全国的银行卡信息交换网络，连接国内所有商业银行这个独特的优势和国家支持的背景，使得银联在移动支付产业成为一个可信赖的合作伙伴。由银联来建立和运营移动支付平台，可以避免以移动运营商为主导的一些弊端，同时也能解决多个银行共同开展移动支付业务时带来的困扰和资源浪费，优化了整个产业，使得各方的定位更加明晰，大家能各司专长，共同发展。由于在整个支付过程中，银联不直接掌控用户和终端，而是通过合作者间接影响，所以银联并没有直接的客户资源，如果没有各类合作者的介入，银联并不能独立发展移动支付业务。

银行是提供移动支付服务的主要金融机构，银行通过专线与移动通信网络实现互联，将银行账户与手机账户建立对应关系，用户通过银行卡账户进行移动支付。银行为用户提供交易平台和付款途径，移动运营商为银行和用户提供信息通道和内容服务，不参与支付过程。当前我国提供手机银行业务的银行都有自己运营的移动支付平台。以银行为运营主体的移动支付模式的主要缺陷是：各银行只能为本行用户提供手机银行服务；各银行都要购置自己的设备并开发自己的系统，会造成较大的资源浪费。

5.2.3 以第三方服务提供商为主体的支付

移动支付平台服务提供商是独立于银行、银联和移动运营商的第三方经济实体。以第三方交易平台为运营主体提供移动支付业务的主要特点为：银行、移动运营商、平台运营商以及 SP 之间分工明确、责任到位；平台运营商发挥着“插转器”的作用，将银行、运营商等各利益群体之间错综复杂的关系简单化，将多对多的关系变为多对一的关系，从而大大提高了商务运作的效率；用户有了多种选择，只要加入到平台中即可实现跨行之间的支付交易。这种运营模式对第三方支付的资金管理能力、风险把控能力、技术研发能力和市场推广能力都有很高的要求。目前占领主要市场的是支付宝和微信支付。支付宝是国内领先的移动支付平台。支付宝提供用户和银行的连接接口，用户绑定银行卡，可以实现从银行卡转账到支付宝或者余额宝实现活期存款。支付时通过扫描二维码或者出示付款码进行支付，扣款来源可根据需要选择是银行卡还是余额。微信支付是由财付通与腾讯合作推出的移动支付产品，由微信平台提供社交功能，财付通提供支付安全性的保障。支付方式和提现方式与支付宝类似，用户通过绑定银行卡即可实现微信钱包的充值与提现。

任务 5.3　移动电子商务支付方式

任务情景

在移动互联时代，小张的生活中已离不开电子商务。早上 8:00，小张打开乘车码乘坐公交车去上班，到了公司附近的便利店，小张打开微信二维码买早餐，上班空闲期打开淘宝网进行手机购物，在 11:30 快下班的时候在建行 APP 中买了理财产品。下午 2:30 给家人转账汇款，想到水电燃气费快用完了，打开支付宝，缴纳了水电燃气费，下午 5:30 下班时用手机打开滴滴打车软件，打车回家并支付乘车费，晚上 7:30 与好友聚餐，用微信的“群收款”功能，完成 AA 制付款。小张一天的衣食住行，有了移动支付，轻松搞定。

知识链接

移动支付最早出现在 20 世纪 90 年代初的美国，中国移动支付的运行时间较晚，但是经过几个产业生命周期后迅猛发展，甚至已赶超美国。

1. 业务导入期(2002—2004 年)

2002—2004 年，移动运营商开始尝试推出一些移动支付业务，如彩票的投注、自动售货机零售商品的购买等。由于经验和技术并不成熟，市场发展十分缓慢。这个时期，移动支付还处于业务导入阶段。

2. 地域扩展期(2004—2007 年)

2004 年，国外移动支付技术不断改进，移动支付服务的安全性和便捷性进一步提高。国内，移动通信网络及相关技术不断发展，越来越多的银行和移动运营商合作，在更多地区和领域开展移动支付服务。互联网用户和移动用户的普及率提高、网上支付和移动增值业务的快速发展，为移动支付服务奠定了良好的产业环境，移动支付用户的认知度和接受程度普遍提高。这个时期，中国移动支付处于地域扩展阶段。

3. 规模扩展期(2007—2009 年)

2007—2009 年是移动支付服务的商业模式探索阶段。在此阶段，产业主导者不清晰，金融机构和移动运营商的合作能力受到限制，产业实际投入力度不高。国内信用体系和安全保障问题还没得到实质性解决，用户通过移动支付购买的商品和服务并不丰富，导致用户体验感较差。但电子商务的普及以及用户对消费支付新的需求，使得这个时期移动支付市场规模仍然处在增长阶段。因此，这个时期是移动支付产业的规模成长期。

4. 产业成熟期(2009 年至今)

2009 年以后，移动支付领域竞争激烈。移动运营商和金融机构为了增强业务吸引力，纷纷拓展更多的服务内容和支付通道。3G、4G 到现在的 5G 网络覆盖区域的扩大和网络持续的优化，使移动支付服务内容不断丰富，不断改善的硬件环境，用户体验效果不断增强，越来越多的用户开始使用该服务。同时，早期进入该市场的第三方支付平台和 SP 也成功吸引了很多的参与者。监管政策的完善、商业模式的创新有效地平衡了价值链上各环节的利益，中国移动支付已处于世界领先水平，此时移动支付处于产业成熟期。未来中国移动支付的市场会更加广阔。

5.3.1　电话账单

移动支付比较早期的应用之一就是电话账单缴费。用户所缴纳的费用在移动通信费用的账单中统一结算，支付方式操作简单，使用广泛。此方式适用于缴费的额度较小、支付时间和额度固定的支付。电话账单服务流程如图 5-7 所示。

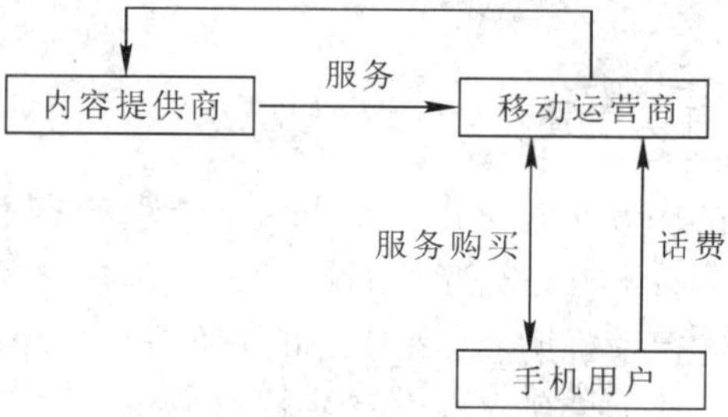

图 5-7　电话账单支付流程

5.3.2　手机银行

手机银行是指银行以智能手机为载体，使客户能够在此终端上使用银行服务的渠道模式。手机银行功能强大，是网络银行的精简版，比网络银行更加方便。只要手机上装有对应的银行 APP，并绑定用户银行卡，即可方便开展移动支付业务，比如转账、缴费、购物、理财等等。以建行 APP 为例，将手机中的建行 APP 打开，登录账户和密码，进入主界面，如图 5-8 所示。然后在主界面中点击“龙支付”，进入支付页面，如图 5-9 所示。也可以点击“善融商务”，进入“善融商务”购物页面，如图 5-10 所示。选择想要购买的商品，加入到购物车后支付订单购买。

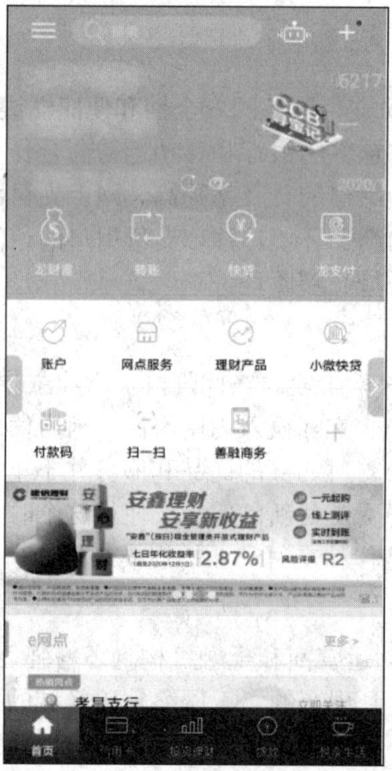

图 5-8　建行 APP 主页

图 5-9　建行 APP 支付页面

图 5-10　建行 APP 购物页面

5.3.3　手机钱包

手机钱包是电信运营商与银联股份有限公司共同推出的面向用户提供的一项综合性移动支付服务。将用户的手机号码与银联标识的借记卡进行绑定，通过手机短信等操作方式，随时随地为拥有银联标识借记卡的中国移动手机用户提供方便的个性化金融服务和快捷的支付渠道。用户开通手机钱包业务后，用户在中国移动营业厅更换一张手机钱包卡(支持 RFID 功能的专用 SIM 卡增加终端刷卡功能)，用户可使用手机在设有中国移动专用 POS 机的商家(如便利店、商场、超市、公交)进行现场刷卡消费。用户也可使用手机钱包账户进行网上购物、缴话费、水费、电费、燃气费及有线电视费等。手机钱包将手机与信用卡结合起来，演变成一种新的支付工具，是一种为用户提供安全、便捷、时尚的支付手段。

手机钱包的特点如下：

(1) 支付便捷。用户通过手机进行简单操作，即可完成支付流程，无时间和空间限制。

(2) 安全可靠。手机钱包业务在开通和交易过程中，均受到国家认证的安全保障，其中包括：充分利用主叫号码鉴别用户身份；在交易中无须用户输入银行卡号及密码，有效保护个人信息；手机钱包密码控制交易过程，降低手机被盗用的风险；设置消费额度限制，防范支付风险。

5.3.4　第三方移动支付

第三方支付是指具备一定实力和信誉保障的独立机构，与各大银行签约，通过与银行支付结算系统接口对接而促成交易双方进行交易的网络支付模式。在第三方支付模式中，买方选购商品后，使用第三方平台提供的账户进行货款支付(支付给第三方)，并由第三方通知卖家货款到账、要求发货；买方收到货物，检验货物，并且进行确认后，再通知第三方付款；第三方再将款项转至卖家账户。

第三方支付的优势如下：

(1) 第三方支付平台提供一系列的应用接口程序，能整合多种银行卡，支付方式在一个界面上显示，负责交易结算中与银行的对接，使用户网上购物更加方便、快捷。

(2) 银行商业系统安全等级高，所以在用户支付体验方面相对较差，而第三方支付平台在商户接入、用户体验、产品易用性等方面进行了大量优化，方便用户、商户体验，相对于手机银行支付，用户更倾向使用第三方支付平台。

(3) 第三方支付平台以与其合作的银行的信用作为信用依托，能够较好地解决网上交易中的信用问题，对电子商务的快速发展起到较大的推动作用。

(4) 第三方支付平台降低了企业与银行的合作成本，满足企业发展在线业务的收付要求。同时，第三方支付平台简化了转账的流程，降低了转账所需要的时间，提供了个性化的结算服务。

根据艾瑞相关数据报告显示，目前第三方移动支付中，第一梯队的支付宝、财付通分别占据了第三方移动支付市场的 55.4%和 38.8%的市场份额。第二梯队的支付企业在各自细分领域也占据着重要地位，如壹钱包、京东支付、联动优势、快钱、苏宁易购等，如图 5-11 所示。

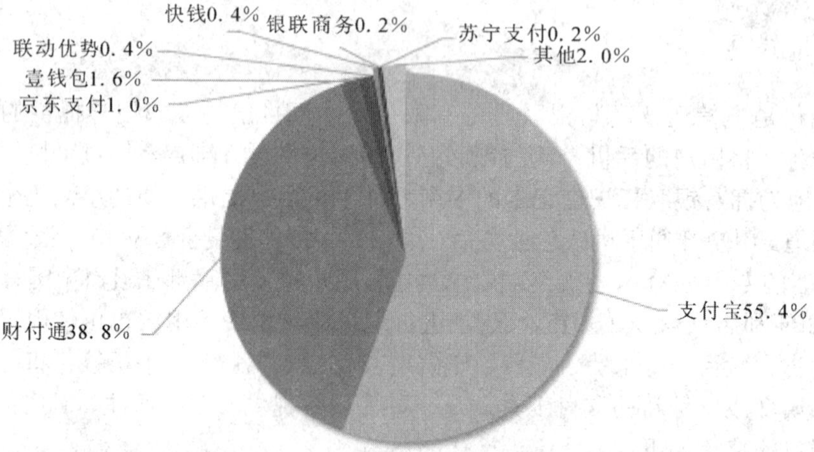

图 5-11　2020Q1 中国第三方移动支付交易规模市场份额

1. 支付宝

支付宝是国内领先的也是最大的第三方支付平台，成立于 2004 年，由阿里巴巴集团推出，致力于为中国电子商务提供“简单、安全、快速”的在线支付方案。

支付宝的特点如下：

(1) 支付宝是一个独立开发、综合性支付平台。支付宝最初仅仅是服务于淘宝，是给淘宝买家和卖家提供一个支付交易的平台，后来在不断的发展中，支付宝的应用拓展到各个互联网行业，支付宝逐渐成为一个独立开放、综合性的支付平台。

(2) 支付宝有超强的安全性。支付宝公司采取一系列安全防护措施来保障用户的财产及信息安全。在国内，支付宝陆续与微软、腾讯、金山等各大安全巨头建立了长期合作关系，并且在整个电商领域建立了目前国内最大的反钓鱼信息屏障，最大限度地防御病毒、木马的入侵。在国外，为了及时对运营过程中发现的海外钓鱼网站予以屏蔽，支付宝加强与国际防钓鱼机构 MarkMonitor、Netcraft 以及国际安全厂商 Trendmicro、MicroPoint 的合作，为整个支付宝的发展创建了一个安全的国际平台。

(3) 支付宝有庞大的用户基础。支付宝最初是服务于淘宝，用户在淘宝网上网购时，最初需要通过支付宝进行支付，在长期的使用中，用户已习惯于支付宝支付，对支付宝产生了依赖，从而极大地奠定了支付宝的用户基础，促进了支付宝的长远快速发展。

(4) 支付宝提供个性化的服务。支付宝根据用户信息和网上消费数据，进行大数据分析，精准掌握用户的消费习惯和消费喜好，并能从中清晰地判断出用户在不同阶段的不同需求，制定个性化的服务。通过大数据分析，支付宝还能计算用户的信用度，构建出一套完善的用户诚信体系，用于其他服务。

支付宝在消费板块场景布局丰富，线上消费主要是在淘宝里网购，本地生活场景同步发力；线下消费板块中，终端用户主要使用支付宝进行扫码支付。

2. 财付通

财付通是腾讯公司 2005 年推出的专业在线支付平台，致力于为互联网用户和企业提供安全、便捷、专业的在线支付服务。其主要业务是帮助客户和商家完成支付和收款。注册财付通后，用户可在拍拍网和超过 20 万个购物网站上购物，与腾讯 QQ 的融合度也很好，交易量排名第二，仅次于支付宝。

财付通的特点如下：

(1) 财付通具有安全性：财付通有效避免了在线支付过程中银行卡账户被盗的风险，账户独立于银行卡账户。通过财付通支付，用户个人银行卡信息和个人信息不会被泄露。

(2) 使用方便：基于 QQ 号码和 E-mail 地址，账号记忆方便。

(3) 经济：商家和个人通过财付通是免费收付款的。

相比于支付宝的消费场景，财付通在线下的移动消费板块更具优势。

3. 壹钱包

壹钱包是中国平安旗下平安付推出的移动支付平台。壹钱包主要是以个人创新金融为核心，致力于移动互联网和互联网金融，为大众提供互联网金融及消费服务。其业务包括货币基金、定期理财、创新保障、电商购物、缴纳水电燃气费、信用卡还款等。

4. 京东支付

京东支付是京东金融 2014 年推出的第三方支付产品，依托京东体系资源优势及京东数科技术能力，为企业和个人用户提供综合支付服务。京东支付已涵盖银行卡快捷、白条、京东小金库等多种支付方式，具有支付快捷、体验效果好、维度广、安全性高和简化标准接入等特点。

实训项目 5　支付宝应用

实训目标

掌握支付宝支付的使用方法

实训环境

装有支付宝的智能手机，开通 4G/5G 网络或 WiFi。

实训背景知识

移动支付的技术越来越多样化，二维码支付、NFC 支付、人脸识别支付技术，已被大众所熟知和接受。

1. 二维码支付

二维码支付是现在比较流行的一种无线支付技术。二维码可看作是第一代移动支付工具，它的原理是用一定规则排布的点阵的图像来编码信息。二维码的特点是容易生成，容易被机器识别。二维码形态不仅仅只有单调的黑白像素色块，还可以是不同风格的、带有鲜明的行业特点的图片，像一个 LOGO，能吸引用户的关注。微信、支付宝都具备二维码的收付款功能，二维码的身影可以说是无处不在，其存在于超市、机场、酒店甚至农村的菜市场，商家将个人账号或者商品信息生成二维码，顾客用手机微信或者支付宝扫一扫，即可跳转到微信支付或支付宝支付界面，然后输入金额和支付密码即可完成支付。

2. NFC 支付

NFC 支付是指顾客在购买商品或者服务时，采用 NFC 技术通过带有 NFC 功能的手机等移动设备完成支付，是一种新兴的近场支付技术如图 5-12 所示。它所应用的场景是线下场景，不需要使用网络，原理是使用 NFC 射频通道，实现与 POS 收款机或自动售货机等设备进行本地通信。

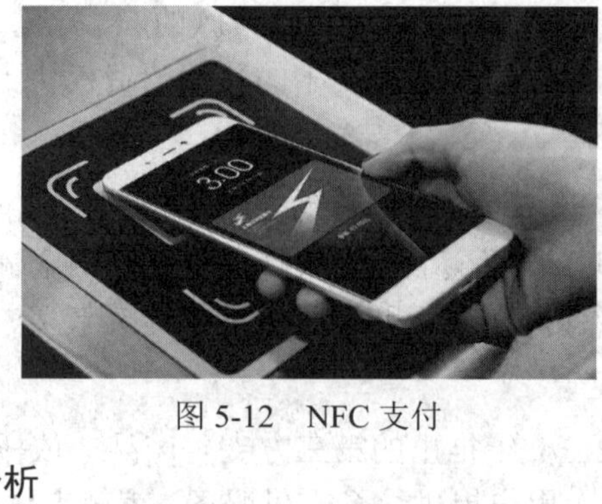

图 5-12　NFC 支付

3. 支付宝核心场景分析

打开支付宝 APP，可以发现支付宝的应用场景非常多，如图 5-13、图 5-14 所示。在“首页”模块，有基本的收付款功能，还有卡包，卡包里可存放电子会员卡或者电子公交卡等；有专门的小程序集成区域，在这个区域里有便于人们生活的一些小程序入口，如手机话费充值入口、滴滴出行入口、购物娱乐等，还有推广位。在“理财”模块，用户可以进行资产管理，还可进行投资理财、购买保险等。在“口碑”模块，用户可以选择到店购买美食或配送外卖等。在“消息”模块，可以看到生活号、小程序、生活圈推送的消息，也可以进行朋友管理。在“我的”模块，可以进行资产管理，还可以在线参与公益活动。

(a)“首页”模块

(b)“理财”模块

(c)“口碑”模块

(d)“消息”模块

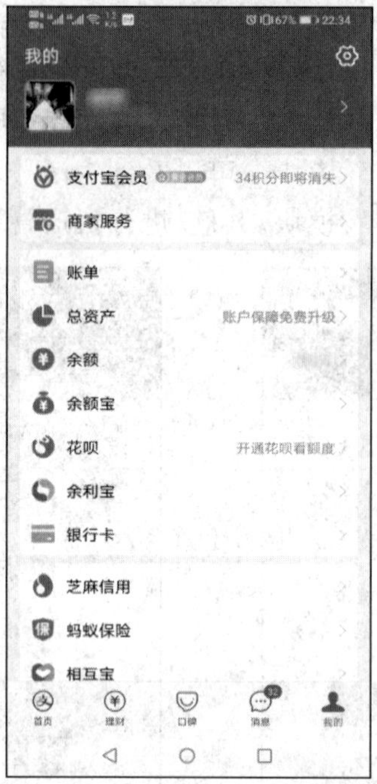

(e)“我的”模块

图 5-13　支付宝 APP 界面

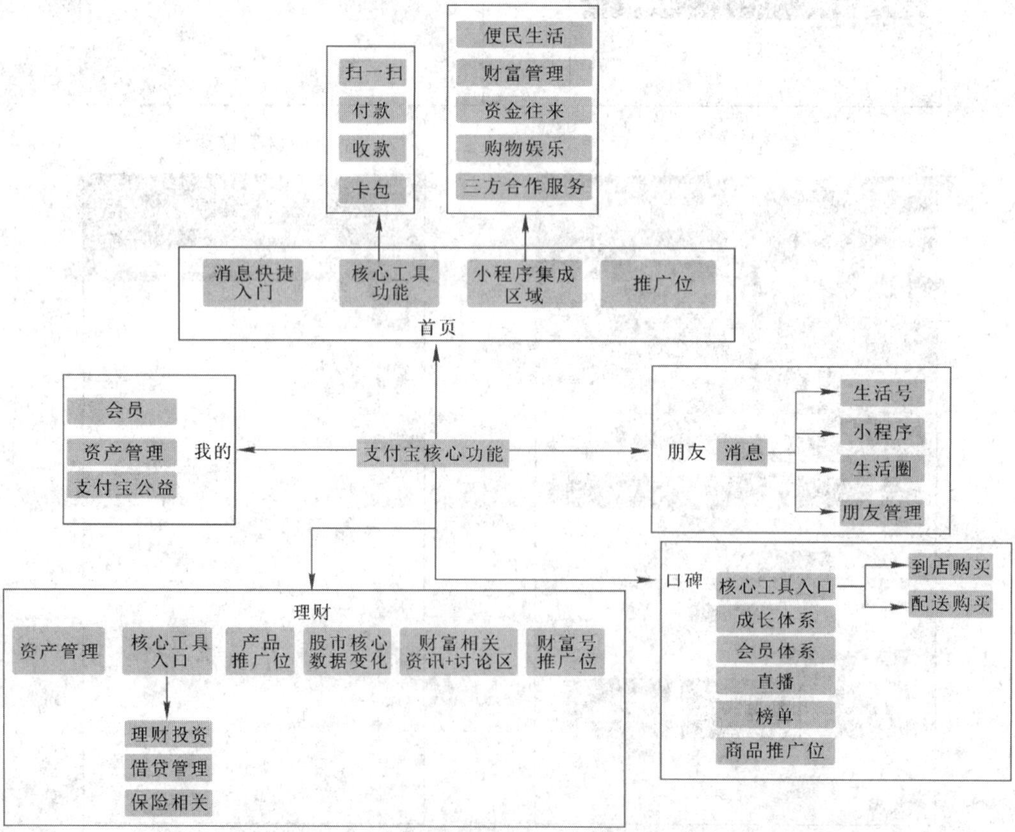

图 5-14　支付宝核心场景

实训内容

1. 支付宝转账

支付宝的转账主要包括付钱/收钱、转账，是为用户提供一个安全、快捷的转账平台。

(1) 付钱方法：打开支付宝 APP，登录支付宝账号密码，进入支付宝首页，点击左上角的“扫一扫”按钮，扫取商家的二维码，即可付款，或者点击“付钱/收钱”按钮，即可跳转到付钱界面，在界面上会显示用户本人账户生成的二维码，当用户想选择其他银行卡支付时可通过单击“选择优先付款方式”列表进行选择，二维码会随之更新，商家用扫码机即可收取用户的费用。

(2) 收钱方法：在支付宝首页点击“付钱/收钱”按钮，跳转到付钱界面后，点击界面下方的“收钱”按钮，即可切换到“收钱”界面，点击“设置金额”按钮，即可设置要收取的具体金额，其他用户打开支付宝扫一扫即可付款。在此界面还可以点击“收款记录”查询收款明细，点击“商家服务”，可跳转到“支付宝商家服务”界面，如图 5-15 所示。在该界面可查看店铺收款汇总情况，还可设置店员管理、查看系统经营分析结果等等，点击“更多”，可进入“超多服务”界面，如图 5-16 所示。在此界面可设置营销推广活动，还有系统自带的管理工具等，提供优质服务。

图 5-15　“支付宝商家服务”界面

图 5-16　支付宝商家“超多服务”界面

(3) 转账方法：在支付宝首页点击“转账”按钮，进入“转账”界面，如图 5-17 所示，可在界面的搜索框中输入对方支付宝账号，点击“确定”按钮，即可跳转到“转到支付宝账户”界面，如图 5-18 所示。然后输入转账金额，点击“转账”按钮后，点击“立即付款”，

图 5-17　“转账”界面

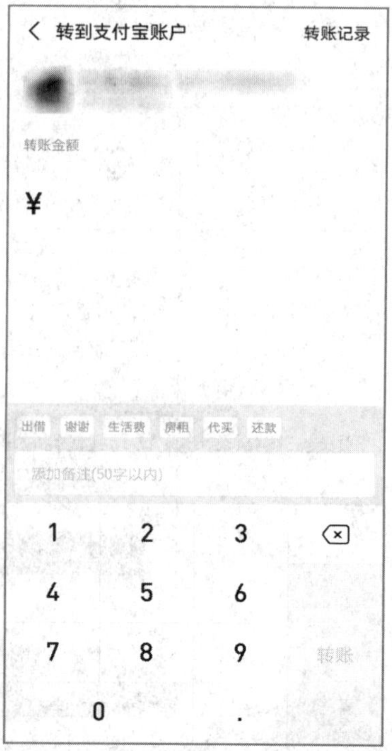

图 5-18　“转到支付宝账户”界面

输入支付密码即可转账成功。除了可转到支付宝账户以外，还可将账转入到对方银行卡中，方法是在“转账”界面中单击“转到银行卡”按钮，跳转到“转到银行卡”界面，如图5-19所示，在文本框中输入对方姓名、卡号、银行、金额后按照向导即可转账成功。

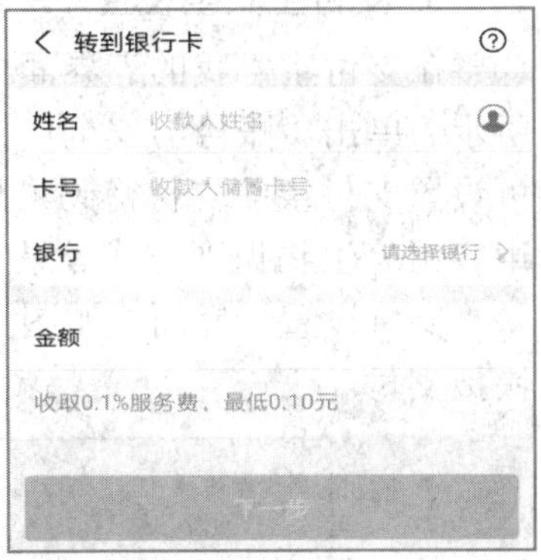

图 5-19　“转到银行卡”界面

2. 支付宝缴费

在支付宝首页中单击“充值中心”或“生活缴费”按钮，即可跳转到相应页面，填入个人信息后，输入缴费金额，再输入支付密码即可缴费成功。

3. 支付宝购物

在支付宝首页界面单击下方“口碑”模块，即可切换到购物页面，选择想要购买的商品后，输入外卖需要送达的地址后，点击“提交订单”按钮，输入支付密码即可支付成功。

4. 支付宝钱包提现与充值

在支付宝首页单击右下角的“我的”模块，即可切换到“我的”界面，单击“余额”按钮，跳转到“余额”界面，如图5-20所示。在界面中会显示支付宝钱包余额，点击“提现”按钮，跳转到“提现”界面，如图5-21所示。选择提现的银行卡，输入提现金额，单击“确认”按钮，即可提现成功，充值方法与提现类似。

图 5-20　“余额”界面

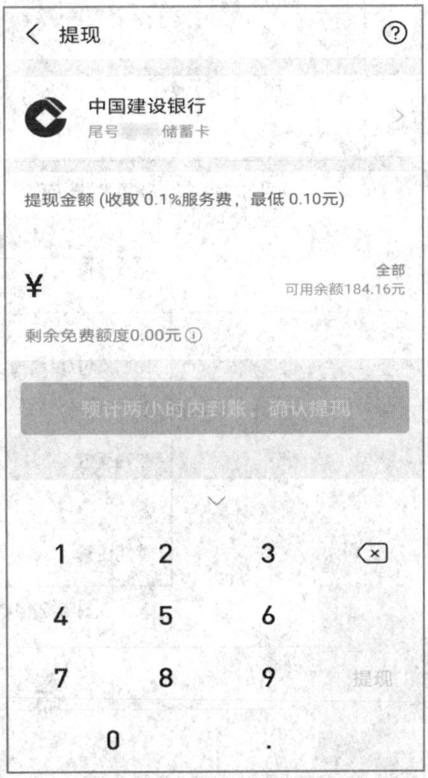

图 5-21　“提现”界面

5. 支付宝安全设置

在支付宝“我的”界面中，单击右上角的设置图标，进入“设置”界面，如图 5-22 所示。单击“账号与安全”按钮，进入“账号与安全”界面，如图 5-23 所示。在此界面可设置支付宝的支付密码，登录密码、支付宝软件的解锁设置，还可通过刷脸、指纹、声音锁等生物识别方式登录支付宝账号。在“设置”界面，单击“支付设置”按钮，进入“支付设置”界面，如图 5-24 所示，可设置是否免密码支付以及生物支付方式，从而快捷支付。

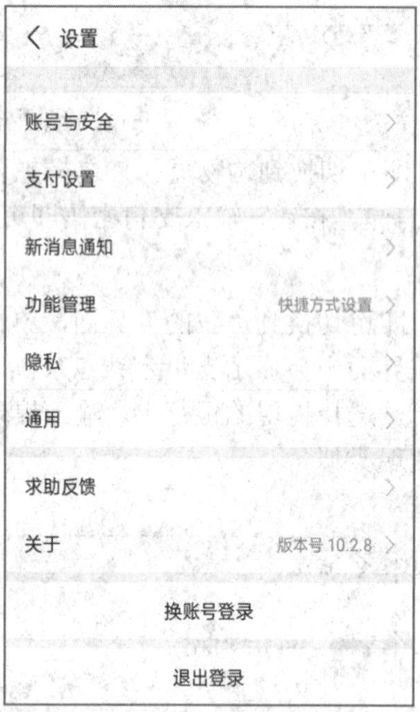

图 5-22　“设置”界面

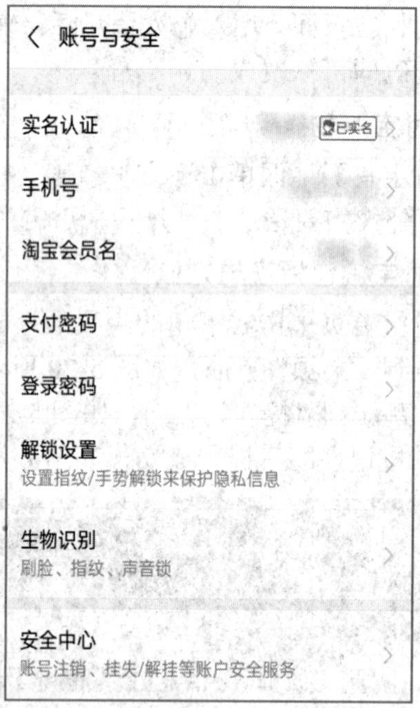

图 5-23　“账户与安全”界面

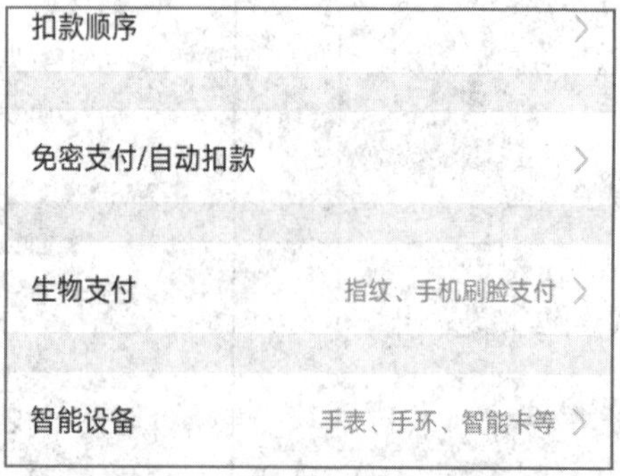

图 5-24　“支付设置”界面

项 目 小 结

➢ 本项目主要介绍移动电子商务支付的相关知识，包括移动支付的定义、特征、发展现状、应用领域及发展趋势。

➢ 移动支付类型主要是以移动运营商为主体支付的模式、以金融机构为主体支付的模式以及以第三方服务提供商为主体的支付模式。

➢ 移动电子商务支付方式包括电话账单支付、手机银行支付、手机钱包支付以及第三方移动支付。第三方移动支付中主要介绍了支付宝、财付通、壹钱包和京东支付。

➢ 在支付宝的具体操作方法介绍了支付宝转账、缴费、购物、提现与充值、安全设置等。

项目 6

移动电子商务安全

引导案例

2011 年 9 月，淘宝网上大量商品标价 1 元，引发网民争先恐后哄抢，但是之后许多订单被淘宝网取消。随后，淘宝网发布公告称，此次事件为第三方软件“团购宝”交易异常所致。部分网民和商户询问“团购宝”客服得到自动回复称：“服务器可能被攻击，已联系技术紧急处理。”

此次“错价门”使大批商户的商品价格在短时间内被恶意篡改，达到这个目的需要借助一定的技术手段。这起“错价门”事件的发生暴露出来我国的电子商务安全问题不容小觑。那么，移动电子商务有哪些安全威胁？又如何防范这些威胁呢？

任务 6.1　移动电子商务安全概述

任务情景

小王突然收到一条短信，短信内容为“您持中国建设银行信用卡在中商百货消费 5000 元，客户如有疑问可拨打 021-5106868，或向中国建设银行发卡中心查询”。小王按照上面的电话拨打了过去，接电话的人自称是中国建设银行客户服务中心的工作人员，要小王报卡号、输入密码进行查询和确认。此时小王忽然想到最近新闻报道过的短信诈骗案，果不其然，经小王核实，刚才收到的短信的确是诈骗短信。

小王事后感慨道，以后一定要提高安全防范意识，绝不向陌生人透露银行卡号和密码，更不能向陌生人汇款、转账。

本任务就带领大家一起学习移动电子商务安全的有关知识。

知识链接

移动电子商务作为一种新型便捷的电子商务形式越来越受到人们的青睐，极大地改变了人们的日常生活和工作习惯，提升了工作效率，如减少了服务时间，降低了运营成本等。但与此同时，不法分子也看中了移动电子商务这一新兴产业，各种与移动电子商务诈骗相关的案例层出不穷。因此，我们先来了解移动电子商务所面临的安全问题。

6.1.1　移动电子商务面临的安全威胁

移动电子商务是传统电子商务和无线互联网技术的结合，所以分析移动电子商务面临的安全威胁，须从电子商务和无线网络所存在的安全问题进行分析。传统电子商务是交易双方通过网络开展业务，其安全性需要由计算机网络安全和交易过程安全来保障。商户主要采用防火墙技术来保护商务交易系统。防火墙是软硬件相结合的系统，在内部网和外部网之间、专用网与公共网之间建立保护屏障，保护内部网免受非法用户的入侵，起到安全网关的作用。但是防火墙有时会被黑客通过非法手段攻破，计算机病毒也可以通过防火墙感染计算机。

无线通信网络作为开展移动电子商务的必要技术，由于无线线路的开放性，同样面临多种安全威胁。终端系统、网络服务系统和无线网络共同组成了无线通信系统，其威胁也来自以上三部分。攻击的位置不同，造成的破坏也不同，攻击方式亦不同。

1. 终端威胁

目前手机等终端面临的安全威胁主要来自病毒，病毒通过手机蓝牙、手机多媒体信息服务和手机缺陷等方式传播。手机病毒是一种以手机为攻击目标的病毒，通常以手机为感染对象，以手机网络和计算机网络为感染途径，通过发送病毒短信等形式，破坏手机系统，造成手机状态异常。每年全球手机病毒数量不断增加，其攻击途径主要有以下三种：

(1) 以“病毒短信”方式攻击手机系统。

(2) 通过信息传播感染其他手机，对手机系统造成破坏。

(3) 攻击和控制“网关”，向手机发送垃圾信息，致使网络运行瘫痪。

2. 网络服务系统威胁

网络服务系统面临的威胁主要存在以下几种：

(1) 非授权数据访问：没有访问权限的入侵者非法访问或窃听系统数据信息，或者伪造身份冒充合法用户进行系统网络接入，对系统进行访问。

(2) 完整性威胁：入侵者通过相关手段修改或删除系统数据信息，对系统完整性形成破坏。

(3) 拒绝服务：入侵者通过向服务器发送大量垃圾信息或干扰信息的方式，导致服务器无法向正常用户提供服务。

(4) 抵赖否认：用户可对业务费用和数据来源进行否认，网络单元否认发出指令或否认接收到了其他数据信息。

3. 无线网络威胁

无线网络因其开放性，与有线传输网络相比，其安全性稍微差些。无线网络面临的安全威胁分为三种：数据的非授权访问、无线传输信息的完整性威胁和拒绝服务。入侵者可以通过插入攻击，部署一些非授权的设备或创建新的无线网络，这种部署或创建往往没有经过安全处理或安全检查；入侵者可窃听无线网络链路上的数据信息，可以修改或删除信息，破坏其完整性；入侵者可以通过邻近无线网络访问互联网，占用大量网络带宽，影响网络性能；另外，还有一些其他隐患，如客户端对客户端的攻击(包括拒绝服务)，入侵者对加密系统的攻击或进行错误的配置等，都会对无线网络带来风险。

6.1.2 移动电子商务的安全需求

通过分析移动电子商务系统各部分所面临的安全威胁，可以看出安全性对于移动电子商务的重要性。从安全性上讲，一个完整并且安全的移动电子商务系统具有以下特点：

(1) 数据机密性。数据机密性指保证数据在传输过程中不被泄露，不能被未授权访问，更不能被修改。数据机密性可以使用加密技术或采用安全信道实现。加密技术分为对称密钥和非对称密钥技术，一般采用对称密钥技术。对于移动电子商务还需在传输层和应用层上进一步采用加密措施。

(2) 数据信息完整性。数据信息完整性是指保证数据信息在传送和存储过程中未受到非法更改、删除或重放，防止非法入侵者伪造信息替代正常合法信息。数据信息完整性可以使用消息摘要技术和加密技术来实现，而支付信息的完整性可由支付协议来保证实现。

(3) 防抵赖性。防抵赖性可保证接收方对于自己已接收的信息不能进行否认，发送方对于已发出的信息不能进行否认；保证交易数据的正当保留，维护双方当事人的合法利益。防抵赖性可以通过数字签名技术来实现。

(4) 身份认证。系统要确保使用者是合法用户，具有授权权限，确认信息接收方或发送方的真实身份，防止身份被伪造。身份认证可采用一些认证技术来实现，包括公钥技术、数字签名技术和口令等，常用的是口令技术。

(5) 重传攻击检测功能。重传攻击是对网络信息安全有很大威胁的攻击方式，系统要使接收方能够识别所收到信息的状态，确认是否为信息重传。

(6) 容错能力。信息在网络中传输，设备和线路经常会发生故障，要保证在故障产生时，系统不会长时间处于停滞状态，要有备用方案；还要保证更新系统时对于原有软硬件的兼容性。

任务6.2 移动电子商务安全技术

任务情景

小王在用手机上网时，由于误点木马程序，在不知情的情况下泄露了自己的支付宝账户密码。过了几天，小王突然收到了一条支付宝发送的登录验证短信，短信提醒他其支付宝正在其他设备登录。小王一看大事不妙，感觉账号被盗了，赶紧联系支付宝客服，客服告诉小王不用担心，只要不告诉他人收到的验证码就不用担心账户被盗。由于小王事先设置过人脸识别登录的功能，同时登录还需要再进行短信验证，因此账户没有被盗。在客服的引导下小王修改了账户的密码，看到自己的资金没有被盗，小王悬着的一颗心这才落了地。

小王事后感慨道，幸亏有这些安全技术来保护人们的资金安全，不然以后都不敢再把资金放在网上了。

本任务就带领大家一起学习移动电子商务安全技术的有关知识。

知识链接

移动电子商务安全技术主要包括加密技术、认证技术、用户鉴权技术、VPN 技术、生物特征识别技术和病毒防护技术。

6.2.1　加密技术

为了保证数据传输和交易信息的安全，确认交易双方的真实身份，从技术层面上常用到加密技术。加密技术是用加密算法将数据信息变成密文进行传输，到达目的地后再进行解密还原。加密技术包括两个元素：加密算法和密钥。加密算法就是将普通文本信息与一串随机字符结合产生密文，这个随机字符就是密钥，密钥是对数据进行编码和解码的参数信息。通信过程中，通过适当的密钥加密技术和管理机制来保证网络的信息通信安全。明文信息 M 通过加密算法 E 得到密文 C，密文 C 经过解密算法 D 变为 M，加密过程如图 6-1 所示。

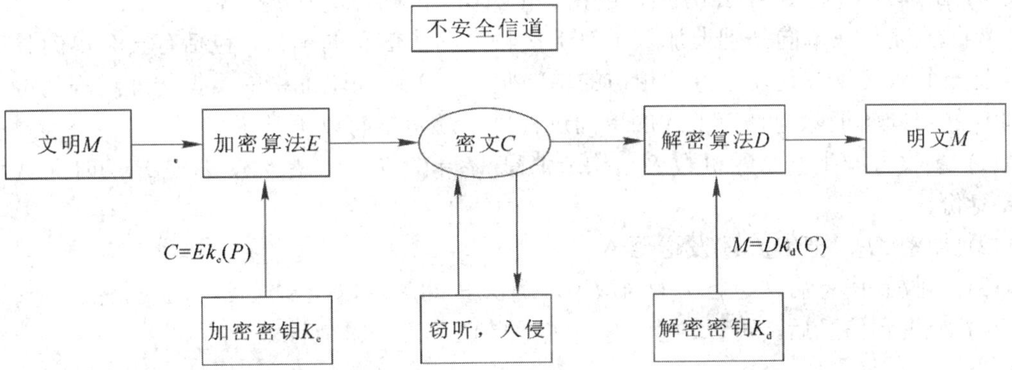

图 6-1　加密技术过程

密钥加密技术的密钥体制分为对称密钥体制和非对称密钥体制两种。对称密钥指加密和解密过程中使用相同密钥，非对称密钥即加密密钥和解密密钥不相同。对称密钥安全性取决于加密算法强壮性和密钥的秘密性。对称密钥算法的加密和解密速度比较快，常用的加密算法有 DES(Data Encryption Standard，数据加密标准)、AES(Advanced Encryption Standard，高级加密标准)等。非对称加密体制又名公开密钥体制，比较流行的有两类：一种是基于大整数因子分解，代表是 RSA(Rivest-Shamir-Adleman，一种加密算法)；另一种是基于离散对数问题，代表是 ECC(Elliptic Curve Cryptography，椭圆曲线密码学)。

6.2.2　认证技术

认证技术包括有身份认证、数字签名、时间戳、数字信封和数字证书等方式。身份认证是比较简单的认证方法，可通过密码验证，生物学特征(指纹识别、虹膜识别)，动态口令和 USB KEY 认证等方式实现。数字签名用来保证信息传输过程中信息完整并可以提供对信息发送者的身份认证；时间戳则提供对于电子交易文件日期和时间的安全保护；数字信封是用加密技术来保证信息内容只能够被特定的收信人打开的技术；数字证书是由证书中心颁布，用于标记通信各方身份信息。

数字证书是经过 CA(Certificate Authority，数字证书颁发机构)数字签名，并包含有公钥持有者信息和公钥的证书文件。CA 是第三方认证机构，具有权威性和可信赖性，负责对各种认证需求进行服务。目前数字证书已被广泛应用，遵循 X.509 标准。

一般数字证书中包括用户的身份 ID 信息、所持有公钥信息以及 CA 签名数据，经 CA 签名能保证证书的真实性，用户所持公钥也能保证所发送信息的完整性。证书验证过程包括单向验证和双向验证过程。单向验证即单向通信，通过对通信 A 和通信 B 双方身份的证明来保证传输信息的完整性；双向验证是在单向验证的基础上，加入了对于接收方 B 的应答信息。

单向验证过程如下：

(1) 发送方 A 产生随机数 R_1。

(2) A 构造消息 $M_1 = (R_1, T_1, I_2, m)$。T_1 是 A 时间标记，I_2 是 B 身份证明，m 是任意一条数据。

(3) A 将$(C_1, D_1(M_1))$发给接收方 B。C_1 为 A 证书，D_1 是 A 私钥。

(4) B 确认 C_1 得到 A 公钥 E_1，解密 $D_1(M_1)$，并检查 M_1 中 I_2，确认信息。

双向验证是在单向基础上加入了对于接收方回执信息的确认，包括有一个单向验证过程以及一个从接收方到发送方的相仿的单向验证。以单向验证中的数据传递过程为例，从 A 到 B 的双向验证除包括有上述的单向过程外，还包括有以下几个步骤：

(1) 接收方产生一个随机数 R_2，构造消息 $M_2 = (I_2, I_1, R_2, R_1, m)$，$T_2$ 是 B 的时间戳，I_1 是 A 身份。

(2) 加密 M_2，把 $D_2(M_2)$发送至 A。

(3) A 收到信息后，进行 $E_1(D_2(M_2))$，确认 B 的签名以及发送信息的完整性。

(4) A 收到信息后，可以检查 M_2 中 T_2，验证信息的时效性。

6.2.3 用户鉴权技术

鉴权(Authentication)是指验证用户是否拥有访问系统的权利。传统的鉴权是通过密码来验证的。这种方式的前提是每个获得密码的用户都已经被授权。在建立用户时，就为此用户分配一个密码，用户的密码可以由管理员指定，也可以由用户自行申请。这种方式的弱点十分明显：一旦密码被偷或用户遗失密码，情况就会十分麻烦，需要管理员对用户密码进行重新修改，而修改密码之前还要人工验证用户的合法身份。

为了克服这种鉴权方式的缺点，需要一个更加可靠的鉴权方式。目前的主流鉴权方式是利用认证授权来验证数字签名的正确与否。逻辑上，授权发生在鉴权之后，而实际上，这两者常常是一个过程。常见的鉴权方式有 4 种方式：HTTP Basic Authentication、token、session / cookie 和 OAuth。

1. HTTP Basic Authentication 鉴权

这是 HTTP 协议实现的基本认证方式，我们在浏览网页时，从浏览器正上方弹出的对话框要求我们输入账号密码，正是使用了这种认证方式，如图 6-2 所示。

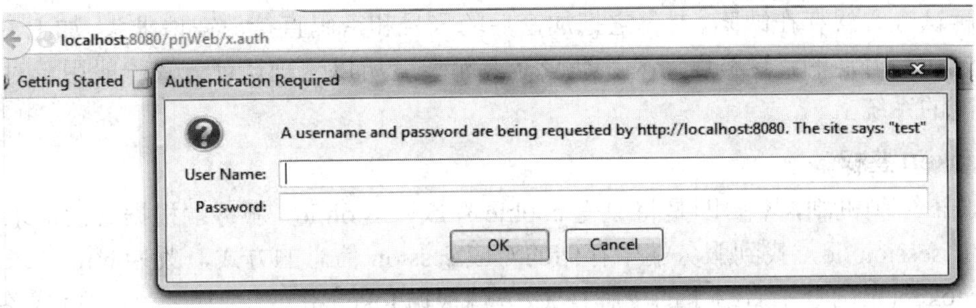

图 6-2　HTTP Basic Authentication 示例

HTTP Basic Authentication 鉴权流程如图 6-3 所示，在 HTTP 协议进行通信的过程中，HTTP 协议定义了基本认证过程以允许 HTTP 服务器对 WEB 浏览器进行用户身份认证的方法，当一个客户端向 HTTP 服务器进行数据请求时，如果客户端未被认证，则 HTTP 服务器将通过基本认证过程对客户端的用户名及密码进行验证，以决定用户是否合法。客户端在接收到 HTTP 服务器的身份认证要求后，会提示用户输入用户名及密码，用户输入后，客户端将用户名和密码中间用“：”分隔合并，并将合并后的字符串用 BASE64 编码，客户端在每次请求数据时，将密文附加于请求头(Request Header)中。HTTP 服务器在每次收到请求包后，根据协议取得客户端附加的用户信息(BASE64 编码的用户名和密码)，解开请求包，对用户名及密码进行验证，如果用户名及密码正确，则根据客户端请求，返回客户端所需要的数据；否则，返回错误代码或重新要求客户端提供用户名及密码。

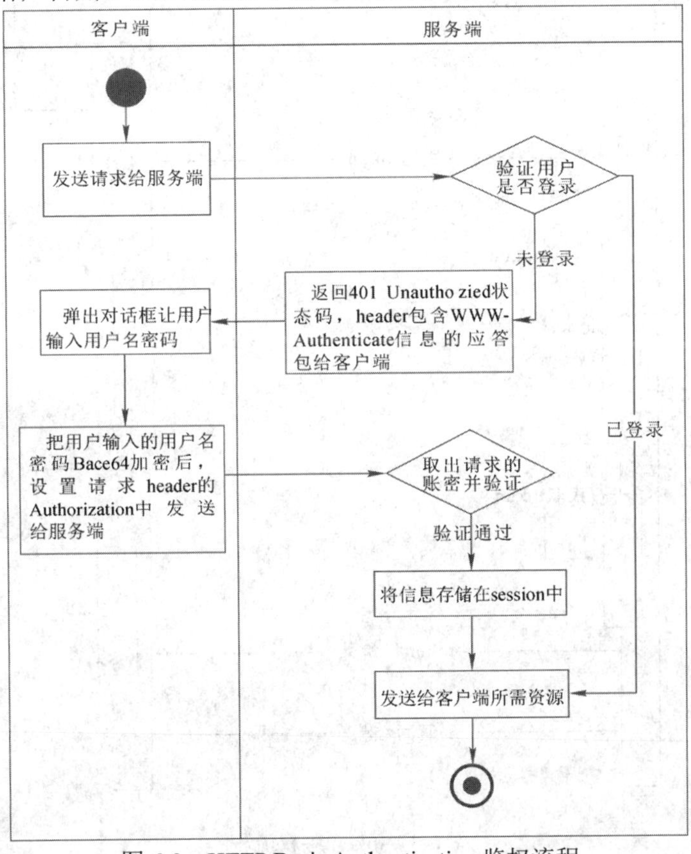

图 6-3　HTTP Basic Authentication 鉴权流程

这种认证方式存在缺陷，首先它把加密后的账号和密码直接放在请求头，加上 BASE64 加密的方式是可逆的，这样账号和密码就容易泄露。所以这种认证方式一般用于对安全要求性不高的系统上。

2. token 鉴权

token(令牌)机制，本质即是将原先 cookie 存放 session id，服务端根据每次请求获取的 cookie 中 session id，找到服务端中存储的对应 session 信息的方式，改为 http 请求需要手动传输 token(正确登录后给予的令牌)，服务端根据 token 获取用户的信息，完成鉴权。

token 鉴权的流程如图 6-4 所示，步骤如下：

(1) 客户端使用用户名和密码请求登录。

(2) 服务端收到请求，验证用户名和密码。

(3) 验证成功后，服务端会签发一个 token，并把这个 token 发送给客户端。

(4) 客户端收到 token 后可以把它存储起来，如存在 cookie 或 local storage。

(5) 客户端每次向服务端请求资源时，需要带着服务端签发的 token。

(6) 服务端收到客户端请求后，会验证请求中的 token，如果验证成功，就向客户端返回请求的数据。

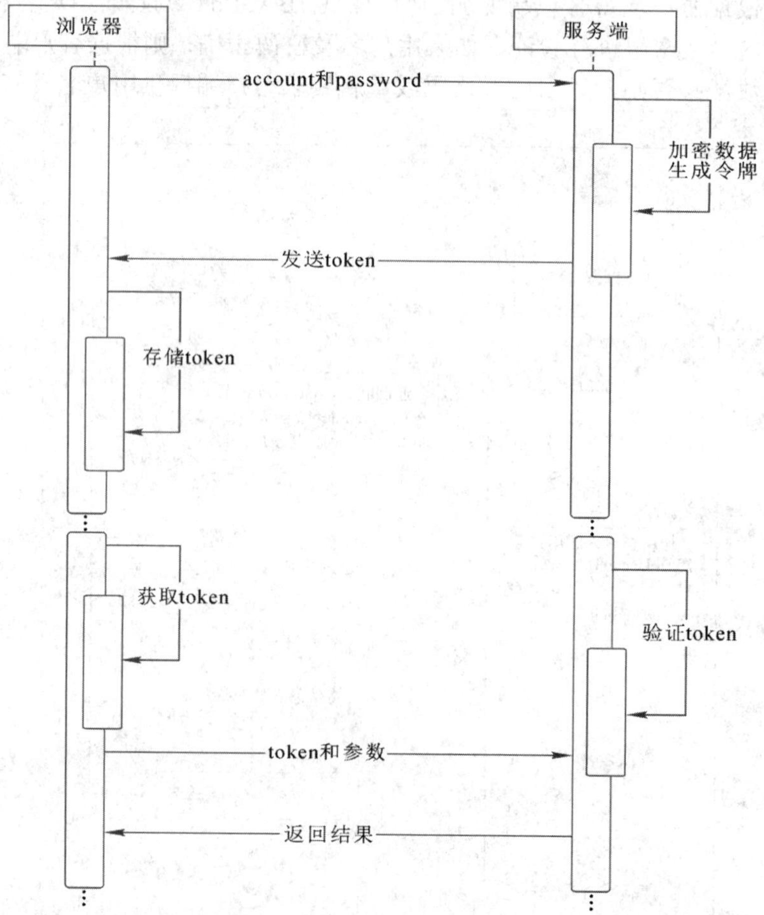

图 6-4　token 鉴权流程

3. session /cookie 鉴权

cookie 是服务器端发送给客户端的用于验证某一会话信息的数据。cookie 中有很多字段，不同网站 cookie 中的字段是不一样的，是由服务器端设置的。cookie 中常放入 session id 或者 token 用来验证会话的登录状态。session 是保存在服务器端的经过加密的存储特定用户会话所需的属性及配置信息的数据。当我们打开浏览器访问某网站时，就会建立 session，只要浏览器不关闭(有时间限制)，这个网站就可以记录用户的状态，当浏览器关闭时，session 结束。我们打开一个浏览器访问某个网站，该网站服务器就会返回一个 session cookie，当我们访问该网站下其他页面时，服务器用该 cookie 验证我们的身份。所以，我们不需要每个页面都登录。但是，当我们关闭浏览器重新访问该网站时，需要重新登录获取浏览器返回的 cookie。session cookie 在访问一个网站的过程中，一般是不变化的，有时也会变化，比如，切换不同的权限时，cookie 值会变化。session/cookie 鉴权流程如图 6-5 所示，主要分四步：

(1) 服务器在接受客户端首次访问时在服务器端创建 session，然后保存 session(我们可以将 session 保存在内存中，也可以保存在 redis 中，推荐使用后者)，然后给这个 session 生成一个唯一的标识字符串，然后在响应头中种下这个唯一标识字符串。

(2) 签名，这一步只是对 sid 进行加密处理，服务端会根据这个 secret 密钥进行解密。

(3) 浏览器中收到请求响应的时候会解析响应头，然后将 sid 保存在本地 cookie 中，浏览器在下次 http 请求的时候，请求头中会带上该域名下的 cookie 信息。

(4) 服务器在接受客户端请求时会去解析请求头 cookie 中的 sid，然后根据这个 sid 去找服务器端保存的该客户端的 session，然后判断该请求是否合法。

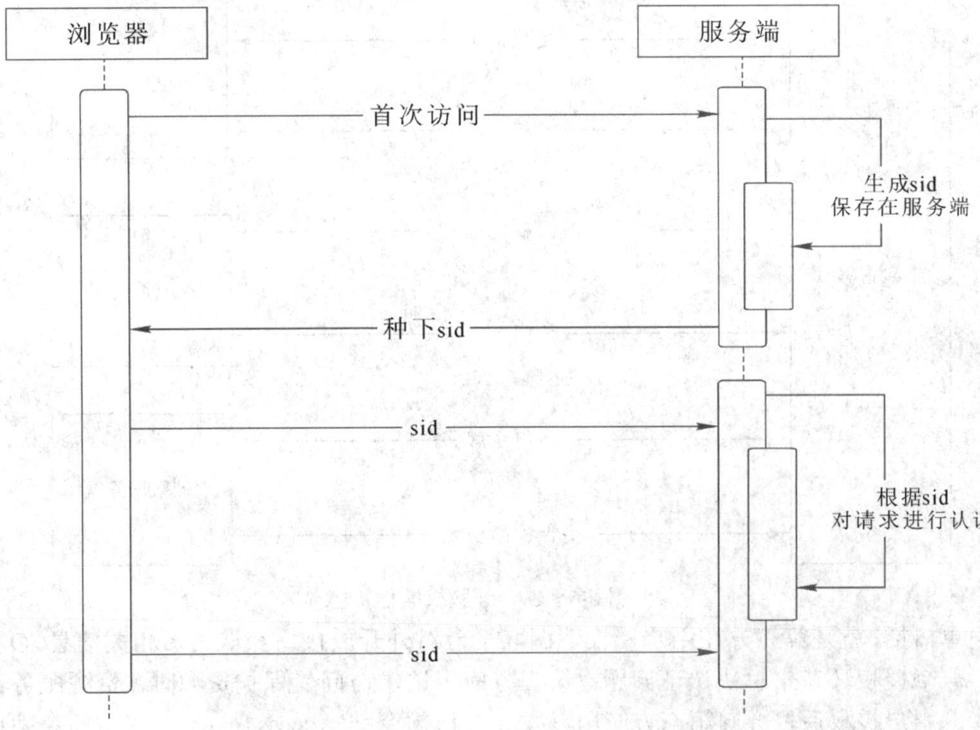

图 6-5　session/cookie 鉴权流程

利用服务器端的 session 和浏览器端的 cookie 来实现前后端的认证，由于 http 请求时是无状态的，服务器正常情况下不知道当前请求之前有没有来过，这个时候我们如果要记录状态，就需要在服务器端创建一个会话(session)，将同一个客户端的请求都维护在各自的会话中，每当请求到达服务器端时，先去查一下该客户端有没有在服务器端创建 session，如果有则已经认证成功了，否则就没有认证。

4. OAuth 鉴权

OAuth(Open Authorization，开放鉴权)是一个开放标准，允许用户授权第三方网站访问他们存储在另外的服务提供商的信息，而不需要将用户名和密码提供给第三方网站或分享他们数据的所有内容，为了保护用户数据的安全和隐私，第三方网站访问用户数据前都需要显式地向用户征求授权。我们常见的提供 OAuth 认证服务的厂商有支付宝、QQ、微信。

OAuth 协议有 1.0 和 2.0 两个版本。相比较 1.0 版，2.0 版整个授权验证流程更简单更安全，也是目前最主要的用户身份验证和授权方式。OAuth 鉴权流程如图 6-6 所示，主要分如下几步：

(1) 用户打开客户端以后，客户端要求用户给予授权。

(2) 用户同意给予客户端授权。

(3) 客户端使用上一步获得的授权，向认证服务器申请令牌。

(4) 认证服务器对客户端进行认证以后，确认无误，同意发放令牌。

(5) 客户端使用令牌，向资源服务器申请获取资源。

(6) 资源服务器确认令牌无误，同意向客户端开放资源。

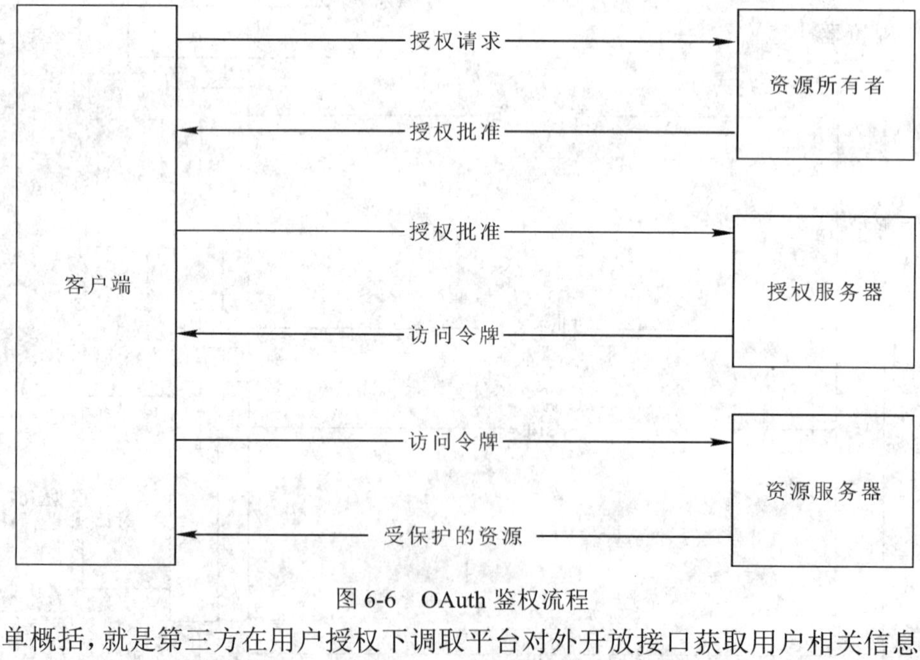

图 6-6 OAuth 鉴权流程

简单概括，就是第三方在用户授权下调取平台对外开放接口获取用户相关信息。OAuth 引入了一个授权环节来解决认证问题。第三方应用请求访问受保护资源时，资源服务器在获准资源用户授权后，会向第三方应用颁发一个访问令牌(AccessToken)。该访问令牌包含资源用户的授权访问范围、授权有效期等关键属性。第三方应用在后续资源访问过程中需要一直持有该令牌，直到用户主动结束该次授权或者令牌自动过期。

6.2.4　VPN 技术

VPN(Virtual Private Network)是企业网在因特网等公共网络上的延伸。VPN 通过一个私有的通道来创建一个安全的私有连接，将远程用户、公司分支机构、公司的业务伙伴等跟企业网连接起来，形成一个扩展的公司企业网。VPN 提供高安全性能、低价位的因特网接入解决方案。

VPN 的优势如下：

(1) 降低成本：VPN 利用现有 Internet 或其他公共网络的基础设施为用户创建安全隧道，不需要使用专门的线路。如 DDN 和帧中继，只需要接入当地的 ISP 就可以安全地接入内部网络，这样就节省了线路费用。

(2) 易于扩展：如果采用专线连接，在分部增多、内部网络节点越来越多时，网络结构趋于复杂，费用昂贵。如果采用 VPN，只是在节点处架设 VPN 设备，就可以利用 Internet 建立安全连接。

(3) 保证安全：VPN 技术利用可靠的加密认证技术，在内部网络之间建立隧道，能够保证通信数据的机密性和完整性，保证信息不被泄露或暴露给未授权的实体，保证信息不被未授权的实体改变、删除或替代。

VPN 的功能如下：

(1) 数据机密性保护：传输途中加密。

(2) 数据完整性保护：提取摘要，通过 Hash 函数判断摘要是否一致。

(3) 数据源身份认证：验证签名，证实数据来源。

(4) 重放攻击保护：防止攻击者发送一个目的主机已接收过的包，来达到欺骗系统的目的。

近年来，随着互联网及移动设备的普及，电子商务的发展如雨后春笋般，人人手持一部平板电脑或智能手机，以便随时订购各种商品及服务。对于企业来说，电子商务带来庞大的商机，营商环境已不再受地理局限，但是会为企业带来安全隐患的问题。在电子商务运营方面，企业可灵活运用 VPN 技术，既可有效连接各分公司及销售点，也可确保网络交易安全。

6.2.5　生物特征识别技术

生物特征识别技术是指通过计算机与光学、声学、生物传感器和生物统计学等高科技手段密切结合，利用人体固有的生理特性(如指纹、人脸、虹膜等)和行为特征(如笔迹、声音、步态等)来进行个人身份的鉴定。生物识别技术是目前最为方便与安全的识别技术。

1. 人脸识别

人脸与人体的其他生物特征(指纹、虹膜等)一样与生俱来，它的唯一性和不易被复制的良好特性为身份鉴别提供了必要的前提。与其他类型的生物识别比较，人脸识别具有如下特点：

(1) 非强制性：用户不需要专门配合人脸采集设备，几乎在无意识的状态下就可获取人脸图像。

(2) 非接触性：用户不需要和设备直接接触就能获取人脸图像。

(3) 并发性：在实际应用场景下可以进行多个人脸的分拣、判断及识别。

(4) 符合视觉特性：具有“以貌识人”的特性，以及操作简单、结果直观、隐蔽性好等特点。

人脸识别在具备较高便利性的同时，其安全性相对较弱一些。人脸识别的准确率会受到环境的光线、识别距离等多方面因素影响。另外，当用户通过化妆、整容对于面部进行一些改变时也会影响人脸识别的准确性。这些都是亟待突破的技术难题。

2. 指纹识别

我国第二代身份证便实现了指纹采集，且各大智能手机都纷纷实现了指纹解锁功能。与其他生物识别技术相比，指纹识别早已经在消费电子、安防等产业中广泛应用。通过时间和实践的检验，其技术也在不断地革新。

虽然每个人的指纹都是独一无二的，但并不适用于每一个行业、每一个人。例如，双手长期徒手作业的人们便会为指纹识别而烦恼，他们的手指若有丝毫破损或在干湿环境里、沾有异物则指纹识别功能会失效。另外在严寒区域或者严寒气候下，或者人们需要长时间戴手套的环境当中，指纹识别也会变得不那么便利。

3. 虹膜识别

人的眼睛结构由巩膜、虹膜、瞳孔晶状体、视网膜等部分组成。虹膜在胎儿发育阶段形成后，在整个生命历程中将保持不变，这决定了虹膜特征的唯一性，同时也决定了利用虹膜进行身份识别的唯一性。

根据富士通方面的数据，虹膜识别的错误识别可能为 1/1500000，而苹果 TouchID 的错误识别可能为 1/50000，虹膜识别的准确率高达当前指纹识别方案的三十倍，而虹膜识别又属于非接触式的识别，识别非常方便高效。此外，虹膜识别还具有唯一性、稳定性、不可复制性等特点，综合安全性能上占据绝对优势，安全等级来说是目前最高的。

目前，虹膜识别凭借其超高的精确性和便捷性，已广泛应用于金融、医疗、安检、安防、特种行业考勤与门禁、工业控制等领域。

4. 掌静脉识别

掌静脉识别系统就是首先通过静脉识别仪获取个人掌静脉分布图，依据专用比对算法从掌静脉分布图中提取特征值，通过红外线摄像头获取手指、手掌、手背静脉的图像，将静脉的数字图像存储在计算机系统中。

静脉识别具有高度防伪、简便易用、快速识别及高度准确等四大特点。最为重要的一点是，掌静脉识别的特征已被国际公认具有唯一性，且和视网膜相当，在其拒真率(相同结构图，而被算法识别为不同)低于万分之一的情况下，其识假率(不同结构图，而被算法识别为相同)可低于十万分之一。但它同样有着难以规避的缺点：

(1) 手背静脉仍可能随着年龄和生理的变化而发生变化，永久性尚未得到证实。

(2) 仍然存在无法成功注册登记的可能。

(3) 由于采集方式受自身特点的限制，产品难以小型化。

(4) 采集设备有特殊要求，设计相对复杂，制造成本高。

5. 声纹识别

声纹识别包括说话人辨认和说话人确认。声纹识别就是把声信号转换成电信号，再用计算机进行识别。与其他生物特征相比，声纹识别的优势在于：

(1) 声纹提取方便，可在不知不觉中完成，因此使用者的接受程度也高。

(2) 获取语音的识别成本低廉，使用简单，一个麦克风即可，在使用通信设备时无需额外的录音设备。

(3) 适合远程身份确认，只需一个麦克风或电话、手机就可通过网路实现远程登录。

(4) 声纹辨认和确认的算法复杂度低。

(5) 配合一些其他措施，如通过语音识别进行内容鉴别等方式，可以提高准确率。

这些优势使得声纹识别的应用越来越受到系统开发者和用户青睐。当然，声纹识别的应用存在一些缺点：

(1) 同一个人的声音具有易变性，易受身体状况、年龄、情绪等的影响。

(2) 不同的麦克风和信道对识别性能有影响。

(3) 环境噪音对识别有干扰。

(4) 混合说话的情形下人的声纹特征不易提取。

所以，声纹识别目前主要还是被用于一些对于身份安全性要求并不太高的场景当中，比如现在比较热门的智能音响。

6. 步态识别

步态识别是近年来越来越多的研究者所关注的一种较新的生物认证技术，它是通过人的走路方式来识别人的身份的方法。

步态识别是一种非接触的生物特征识别技术，因为它不需要人的行为配合，特别适合于远距离的身份识别，这是任何生物特征识别所无法比拟的。步态识别是让犯罪分子防不胜防的追捕手段，它不仅可以分析闭路电视捕捉到的嫌犯的行动情况，还能把它们同嫌犯走路的姿态进行比较。在一些凶杀案中，往往凶犯不让你看到他们的脸，但却能看到凶手走路的样子。步态识别所用采集装置简单、经济，只需要一个监控摄像头。

生物特征识别技术也将迎来新的变化和需求，生物识别技术与互联网、物联网的交集将成为各行业的着力点。当前的单一的生物识别技术各有优缺点，在应用上难免会出现一些问题。所以，在一些安全等级要求较高的应用场景当中，往往会采用两种甚至两种以上的生物识别技术进行验证。随着物联网时代的到来，生物识别将拥有更为广阔的市场前景。

6.2.6 病毒防护技术

1. 手机病毒的概念

手机病毒和计算机病毒的原理基本相同，是一种具有传染性、破坏性和隐蔽性的程序。它可以利用手机蓝牙、无线数据传输、发送短彩信、电子邮箱、WiFi 网络等方式进行传播。手机病毒会导致用户手机蓝屏、死机，个人资料泄露或者被删除，向外发送垃圾短信或邮件，自动拨打电话，发短(彩)信等进行恶意扣费，甚至会损毁 SIM 卡、芯片等硬件，导致使用者无法正常使用手机。

2. 手机病毒的攻击方式

目前手机病毒的攻击方式主要有八种类型：

(1) 恶意扣费类型。通常所说的恶意扣费一般是指用户在手机终端上安装受感染的应用之后，在用户不知情或未授权的情况下，通过隐蔽执行、欺骗用户点击等各种手段，订购各类移动收费业务或使用手机支付，从而导致用户遭受经济损失，且常常会对反馈的资费信息进行屏蔽处理。

(2) 隐私窃取类型。当前较多的智能手机操作系统开放性程度比较高，许多手机应用开发商或者手机黑客，会在用户不知情或未授权的情况下偷取涉及用户隐私信息，如手机号码、短信、通话记录甚至是其他的账号资料等。

(3) 资费消耗类型。在用户不知情或未授权的情况下，通过自动拨打电话、发送短信、彩信、邮件、连接网络、频繁下载等方式，导致用户资费损失。

(4) 远程控制类型。在用户不知情或未授权的情况下，病毒能够接收远程控制端指令并进行相关操作，如发送短信指令或者接受远端服务器的指令，进而对手机端进行操控。

(5) 恶意传播类型。恶意传播软件一般会通过自动复制、感染、投递、下载、预装等方式将自身、自身的衍生物或其他移动互联网恶意代码进行扩散。

(6) 系统破坏类型。病毒通过感染、劫持、篡改、删除、终止进程等手段导致移动终端或其他非恶意软件部分或全部功能、用户文件等无法正常使用，干扰、破坏、阻断移动通信网络、网络服务或其他合法业务正常运行。

(7) 流氓类型。此类病毒的表现有卸载困难，常驻系统后台，捆绑安装恶意软件，推送大量广告信息，妨碍同类软件正常使用等。

(8) 诱骗欺诈类型。此类病毒通过伪造、篡改、劫持短信、彩信、邮件、通讯录、通话记录、收藏夹、桌面等方式，诱骗用户，达到不正当目的。

3. 手机病毒的防范

手机病毒不仅影响终端用户的利益，大规模大范围的手机病毒传播和泛滥更会给产业发展、社会稳定、国家安全造成严重影响，其防护需要社会各界以负责的态度积极参与。政府部门要加强立法，对手机病毒制造者、传播者进行严厉打击，加强标准和规范的制定，协调相关方面形成合力，加大对手机病毒的预防、监测和处置力度。从手机软硬件厂商来讲，在手机研发和生产过程中，要尽量减少手机中的安全漏洞，对已发现的安全漏洞要及时发布更新补丁，从根本上杜绝手机病毒。通信运营商要在移动互联网核心网关进行杀毒和防护，对数据进行筛查，将手机病毒扼杀在摇篮中，为用户提供一个安全、清静的移动互联网上网环境。

对手机用户而言，做好手机病毒防护要注意以下事项：

(1) 在挑选手机的时候要选择正规的手机生产厂商，不购买使用山寨机，因为正版手机有严密安全认证。

(2) 用户要学会使用合适的手机杀毒软件来为手机保驾护航，如 360 安全卫士、百度安全管家、腾讯手机管家和金山手机毒霸等都是目前病毒库相对齐全的杀毒软件，用户要经常对手机进行检测，及时更新病毒库，查杀异常数据。

(3) 现在的手机软件种类繁多、良莠不齐，用户一定要学会辨别，下载软件时，不要随便在网上下载 APP，因为非法网站上的安装包通常都会携带着病毒，所以用户要在正规合法的网站或官网上下载。安装的时候还得留意一下权限提示内容是否和软件功能相符合。

(4) 蓝牙、NFC(Near Field Communication，近场通信)作为手机的必带功能，在不使用时要及时关闭，因为有些病毒就是针对此类连接进行传播的。

(5) 使用手机与电脑连接前，要先对电脑进行杀毒检测，检测安全后再进行数据传输。

(6) 不要冒险浏览黑客、色情网站，这些网站通常都有隐藏的病毒，是非常危险的。

(7) 手机经常收到的一些陌生短信、彩信、邮件等，用户不要点击链接，也不要转发，应将其直接删除，避免感染病毒。

(8) 现在到处都是二维码，不法分子会把恶意软件隐藏到二维码里面，用户无法辨别链接是否安全，稍有不慎手机就会中毒，所以不要随意扫二维码。

(9) 在公共场所，不要随意连接未知的 WiFi 网络，没有加密的 WiFi 慎用。

任务 6.3　移动电子商务安全和隐私保护法律

任务情景

小王下载了一款手机购物软件，当他打开软件时，系统便有弹窗询问他是否授权软件读取用户通讯录、短信，打开麦克风、摄像头的权限，小王觉得这可能会泄露自己的隐私，就点了否，谁料软件直接弹出警告，如果选否，将退出软件，为了使用软件，小王无奈地点了是。自从使用该软件后，小王通讯录中的联系人便频繁收到该软件的广告短信，不堪其扰。随后小王向监管部门投诉了该软件，在法律的制裁下，该软件公司删除了强制获取的用户隐私资料，小王的生活恢复平静。

针对这种强制侵犯用户隐私的行为，法律又是怎么制止的呢？本任务就带领大家一起学习我国对于移动电子商务安全和隐私保护法律的基本知识。

知识链接

移动电子商务的迅速发展打破了传统行业部门的交易边界，市场交易模式呈现出网络化、信息化、无边界化的新特征，这也为法律监管工作带来了巨大的冲击与挑战，无纸化、数字化交易的出现考验着法律监管的覆盖能力。

6.3.1　移动电子商务法律发展过程

电商行业的快速发展正引领着我国社会经济与居民生活走向互联网时代，也挑战着传统经济活动的法律秩序，推动着电商法律法规的发展与完善。电子商务领域的法律法规是伴随着互联网经济的发展而逐渐推出的，2004 年为了保障电子商务信息安全，国家出台了《中华人民共和国电子签名法》，这是我国与电子商务发展较为密切的第一部法律，其目的在于完善电子商务的信息安全认证，但是对于电子商务行业的界定、发展原则、相关政策并没有明确提出。之后又在 2005—2011 年先后出台了一系列的政策规定，进一步从发展目标、发展内容、发展方式等方面对电子商务的发展给予了明确规定，尤其是 2007 年出台的《电子商务发展“十一五”规划》从政策层面明确了电子商务的总体发展目标，并且将总目标从业务水平、服务体系、创新能力与支撑环境等方面加以细化，肯定了其产业地位。在一系列政策引导下，我国电子商务的发展开始逐渐步入正轨，服务模式也更加多元化。但是，在电子商务快速发展的过程中一直缺少一套比较系统的法律制度对其行业发展的各方面给予法律保障，这也导致电子商务的发展在过去一段时间内频繁出现违约、信息不对称等问题，2013 年后全国人大常委会正式启动了电子商务法的立法进程，历经 6 年的研磨，2018 年 8 月 31 日《中华人民共和国电子商务法》正式出台，此法标志着我国电子商务活动拥有了实质性的法律规范，电子商务的发展也进入了有法可依的阶段。

6.3.2　移动电子商务安全和隐私保护法律要点

1. 用户信息合法收集、使用义务

《中华人民共和国电子商务法》第二十三条规定，电子商务经营者收集、使用其用户的个人信息时，应当遵守法律、行政法规中有关个人信息保护的规定。该使用性规范适用的其他法律规范主要包括《网络安全法》《消费者权益保护法》《电信和互联网用户个人信息保护规定》《网络交易管理办法》等。现行的法律规范要求收集、使用个人信息应当遵循合法、正当和必要的原则，公开收集、使用规则，明示收集、使用信息的目的、方式和范围，并经过被收集者的同意。不得收集与其提供的服务无关的个人信息，不得违反法律、行政法规的规定和双方的约定收集、使用个人信息。

电子商务经营者收集、使用用户个人信息违反前述法律、行政法规有关规定的，有关主管部门有权依照《网络安全法》等法律、行政法规责令电子商务经营者改正，并可根据情节单处或者并处警告、没收违法所得、罚款，对直接负责的主管人员和其他直接责任人员罚款；情节严重的，甚至可以责令暂停相关业务、停业整顿、关闭网站、吊销相关业务许可证或者吊销营业执照。

2. 用户信息查询、更正与删除权保障义务

《中华人民共和国电子商务法》第二十四条规定，电子商务经营者应当明示用户信息查询、更正、删除以及用户注销的方式、程序，不得对用户信息查询、更正、删除以及用户注销设置不合理条件。电子商务经营者收到用户信息查询或者更正、删除的申请的，应当在核实身份后及时提供查询或者更正、删除用户信息。用户注销的，电子商务经营者应当立即删除该用户的信息；依照法律、行政法规的规定或者双方约定保存的，依照其规定进行保存。

该条规定明确了电子商务经营者需承担对用户有权查询、更正、删除信息权的保障义务，但并未明确用户信息删除权是否存在行使条件或者特定情形。因为根据《网络安全法》第四十三条的规定，个人行使个人信息删除权的条件是网络运营者存在违反法律、行政法规的规定或者双方的约定收集、使用其个人信息的情形。另外，参考《个人信息安全规范》(GB/T 35273—2017)第 7.6 规定，个人信息控制者需要特定情形下应信息主体的要求删除

其个人信息，包括：a) 个人信息控制者违反法律法规，收集、使用个人信息的或者个人信息控制者违反与个人信息主体的约定，违法收集、使用个人信息；b) 个人信息控制者违反法律法规规定或违反与个人信息主体的约定向第三方共享、转让个人信息；c) 个人信息控制者违反法律法规规定或与个人信息主体的约定，公开披露个人信息。故我们根据现有法律法规倾向性认为行使信息删除权是需要满足特定条件的，建议电子商务(平台)经营者在服务协议或者交易规则中对行使信息删除权作出相关安排，以避免合规风险。

电子商务经营者违反该项规定的，市场监督管理部门有权责令限期改正，并可处一万元以下的罚款；电子商务平台违反该项规定的，市场监督管理部门有权责令限期改正，并可处二万元以上十万元以下的罚款；情节严重的，处十万元以上五十万元以下的罚款。

3. 平台服务协议和交易规则合规义务

《中华人民共和国电子商务法》第三十二条规定，电子商务平台经营者应当遵循公开、公平、公正的原则，制定平台服务协议和交易规则，明确进入和退出平台、商品和服务质量保障、消费者权益保护、个人信息保护等方面的权利和义务。以往个人信息保护的内容都体现在隐私政策当中，现电子商务法实施以后，该部分内容必须在平台服务协议和交易规则中得以体现。

4. 平台经营者网络安全保护义务

《中华人民共和国电子商务法》第三十条规定，电子商务平台经营者应当采取技术措施和其他必要措施保证其网络安全、稳定地运行，防范网络违法犯罪活动，有效应对网络安全事件，保障电子商务交易安全。电子商务平台经营者应当制定网络安全事件应急预案，发生网络安全事件时，应当立即启动应急预案，采取相应的补救措施，并向有关主管部门报告。电子商务平台经营者属于网络运营者的子概念，应当遵守《网络安全法》的相关规定履行网络安全保障义务。

5. 经营者数据提供义务

《中华人民共和国电子商务法》第二十五条规定，有关主管部门依照法律、行政法规的规定要求电子商务经营者提供有关电子商务数据信息的，电子商务经营者应当提供。有关主管部门应当采取必要措施保护电子商务经营者提供的数据信息的安全，并对其中的个人信息、隐私和商业秘密严格保密，不得泄露、出售或者非法向他人提供。电子商务经营者不得拒绝有关主管部门要求提供电子商务数据的要求。有关部门主要涉及市场监督管理部门、税务部门。电子商务数据主要包括经营主体信息、税务信息、交易商品、服务信息等。

6. 平台经营者数据报送及登记提示义务

《中华人民共和国电子商务法》第二十八条规定，电子商务平台经营者应当按照规定向市场监督管理部门报送平台内经营者的身份信息，提示未办理市场主体登记的经营者依法办理登记，并配合市场监督管理部门，针对电子商务的特点，为应当办理市场主体登记的经营者办理登记提供便利。电子商务平台经营者应当依照税收征收管理法律、行政法规的规定，向税务部门报送平台内经营者的身份信息和与纳税有关的信息，并应当提示依照本法第十条规定不需要办理市场主体登记的电子商务经营者依照本法第十一条第二款的规定办理税务登记。

电子商务平台经营者违反该项规定的，由有关主管部门责令限期改正；逾期不改正的，处量两万元以上十万元以下的罚款；情节严重的，责令停业整顿，并处十万元以上五十万元以下的罚款。

7. 信息保存义务延长至三年

原来根据《网络交易管理办法》第三十条的规定，第三方交易平台经营者对平台内经营者的营业执照或者个人真实身份信息记录保存时间从经营者在平台的登记注销之日起不少于两年，交易记录等其他信息记录备份保存时间从交易完成之日起不少于两年。鉴于《民法总则》(2017 年 10 月 1 日已生效)第一百八十八条的规定已将民事诉讼时效期间被修改为三年。现《中华人民共和国电子商务法》第三十一条规定，电子商务平台经营者应当将商品和服务信息、交易信息自交易完成之日起保存不少于三年；法律、行政法规另有规定的，依照其规定。

电子商务平台经营者违反该款规定的，由有关主管部门责令限期改正；逾期不改正的，处两万元以上十万元以下的罚款；情节严重的，责令停业整顿，并处十万元以上五十万元以下的罚款。

考虑到《民法总则》《网络安全法》《刑法》等法律法规对网络安全及个人信息保护已经作出相关规定，所以《中华人民共和国电子商务法》不再作重复性规定。另外，国家对个人信息保护的专门立法也在进行当中，所以《中华人民共和国电子商务法》对电子商务活动中的个人信息保护规定仅作衔接性处理。可以肯定的是，国家对于网络安全以及个人信息保护的配套立法，包括行业相关国家标准将会陆续出台，电子商务经营者应当提早建立信息安全管理体系，更好地保障信息资产得到持续的充分保护以防范信息安全风险。

实训项目 6　360 手机卫士及安全

实训目标

(1) 了解 360 手机卫士的作用及功能。

(2) 掌握 360 手机卫士的安全保护功能设置方法。

实训环境

Android 或 iOS 智能手机，开通 4G/5G 网络或 WiFi。

实训背景知识

360 手机卫士是一款免费的手机安全软件，集防垃圾短信，防骚扰电话，防隐私泄露，对手机进行安全扫描，联网云查杀恶意软件，软件安装实时检测，流量使用全掌握，系统清理手机加速，归属地显示及查询等功能于一身，是一款功能全面的智能手机安全软件。

移动电子商务主要就是在手机上进行，因此要确保移动电子商务的安全进行，首先就要确保手机的安全，安装 360 手机卫士是一种方便可靠的选择，下面列举其一些重要的安全功能：

(1) 手机体检：手机体检提供快速、全面的扫描检查，并根据状态给出参考评分。使用一键修复，可以快速完成所有待处理项目，让手机系统保持良好状态。

(2) 骚扰拦截：精准识别陌生来电，拦截骚扰电话和诈骗电话，智能拦截垃圾短信。

(3) 隐私空间：安全的密码保险箱功能，使用核心加密算法保存您的各类账号密码，安全可靠，防丢失。完善的照片保险箱功能，将重要照片、视频、录音、笔记加密保护，只能自己看。

(4) 摄像头检测：帮助用户检查在当前 WiFi 下存在的可以联网的摄像头，保护用户隐私。

实训内容

1. 下载安装 360 手机卫士

(1) 打开手机中的 APP Store，在搜索栏输入 360 手机卫士，点击确定后即出现需要下载的软件，点击获取即可下载，如图 6-7 所示。

图 6-7　手机卫士下载界面

(2) 打开 360 手机卫士，授权软件位置和通知权限，点击同意并开始守护，如图 6-8 所示。

(3) 当提示是否允许 360 手机卫士使用您的位置时，点击使用 APP 时允许，如图 6-9 所示，此时就进入了 APP 的主界面。

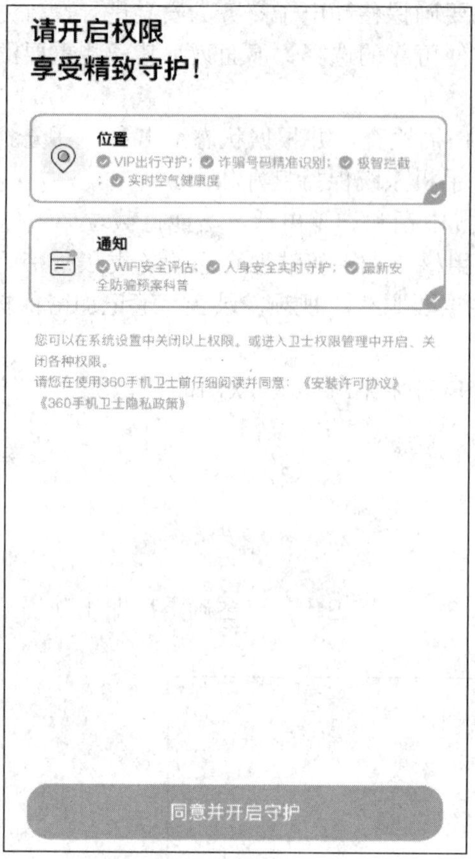

图 6-8　软件授权操作界面

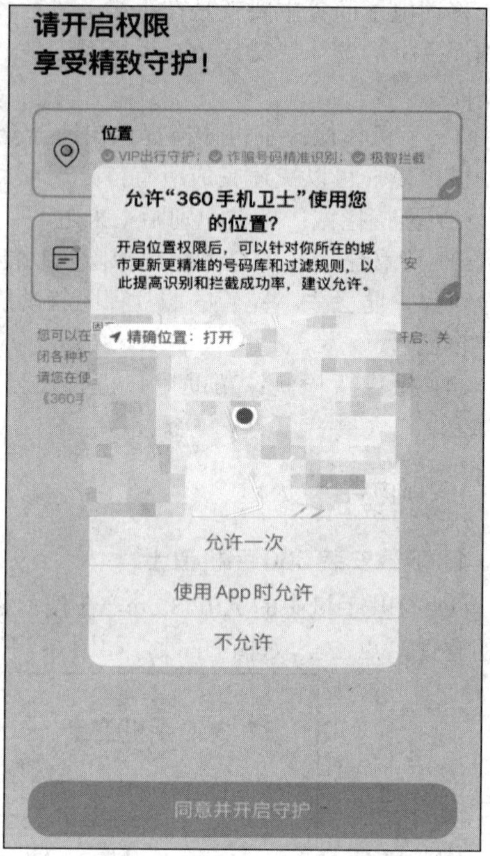

图 6-9　位置授权操作界面

2. 进行手机体检

(1) 在软件主界面点击立即优化按钮进行手机功能的优化，如图 6-10 所示。

(2) 根据软件提供的优化项选择操作，如图 6-11 所示。

图 6-10　手机体检功能操作示意

图 6-11　手机体检优化项

3. 骚扰拦截设置

(1) 点击首页的骚扰拦截按钮进入功能设置界面，如图 6-12 所示。

(2) 在电话界面点击立即开启，如图 6-13 所示。

图 6-12　骚扰拦截功能操作示意

图 6-13　开启电话骚扰拦截功能操作示意

(3) 根据提示点击去开启，如图 6-14 所示。

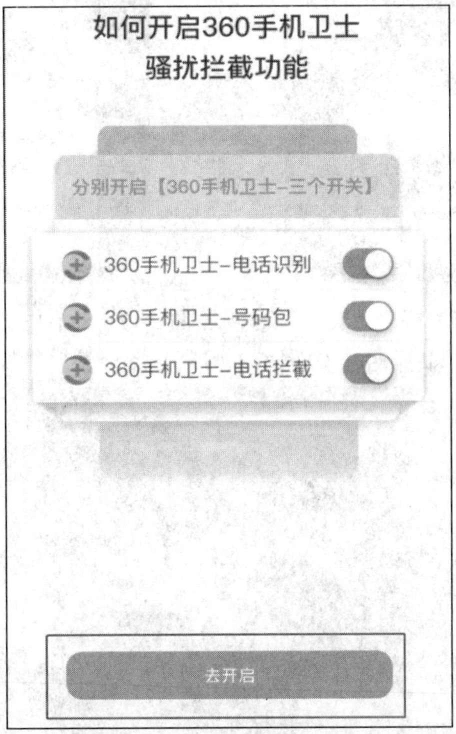

图 6-14　开启电话骚扰拦截功能操作提示

(4) 打开三个功能权限，如图 6-15 所示。

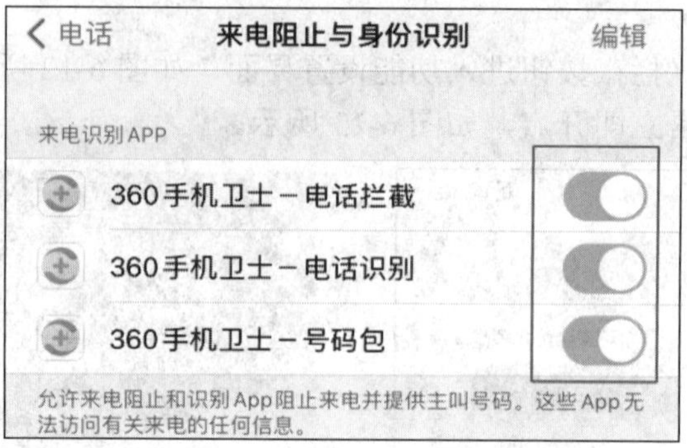

图 6-15　开启电话骚扰拦截功能

(5) 回到电话界面点击立即更新，即可更新号码库，更新完成即成功开启电话骚扰拦截功能，如图 6-16、图 6-17 所示。

图 6-16　更新号码库

图 6-17　开启电话骚扰拦截功能成功界面

(6) 在信息界面点击立即开启，如图 6-18 所示。

图 6-18　开启信息骚扰拦截功能操作提示

(7) 根据提示找到手机设置-信息-未知与过滤信息，如图 6-19 所示。

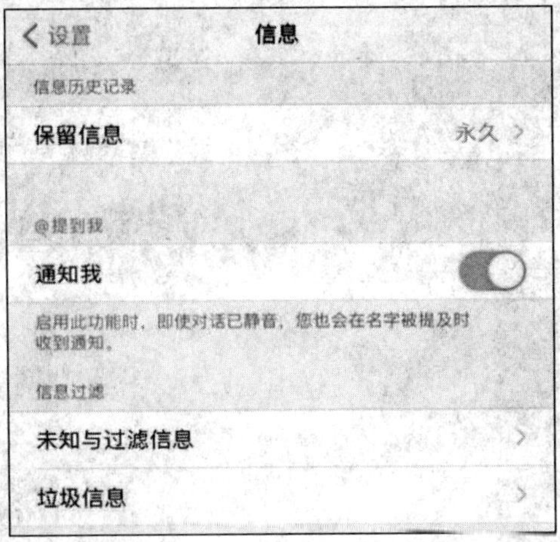

图 6-19　设置未知与过滤信息界面

(8) 进入未知与过滤信息中开启 360 手机卫士短信过滤权限，如图 6-20 所示。

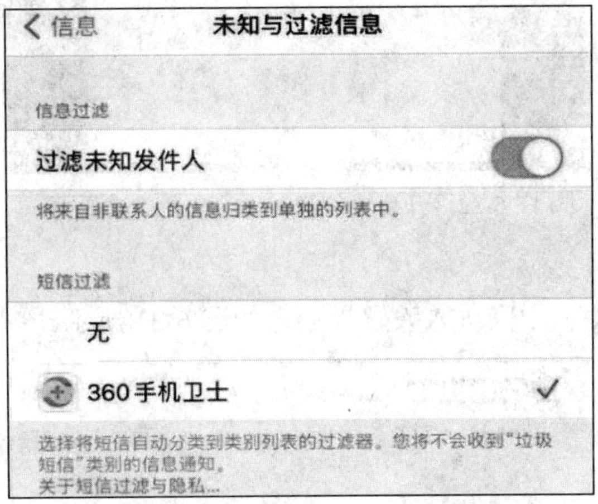

图 6-20　开启短信骚扰拦截功能

(9) 回到信息界面点击立即更新，即可更新号码库，更新完成即成功开启短信骚扰拦截功能，如图 6-21、图 6-22 所示。

图 6-21　更新号码库

图 6-22　开启短信骚扰拦截功能成功界面

4. 隐私空间设置

(1) 软件首页点击隐私空间进入设置界面，如图 6-23 所示。

图 6-23　隐私空间功能操作示意

(2) 设置好手势密码和密码保护问题，如图 6-24、图 6-25 所示。

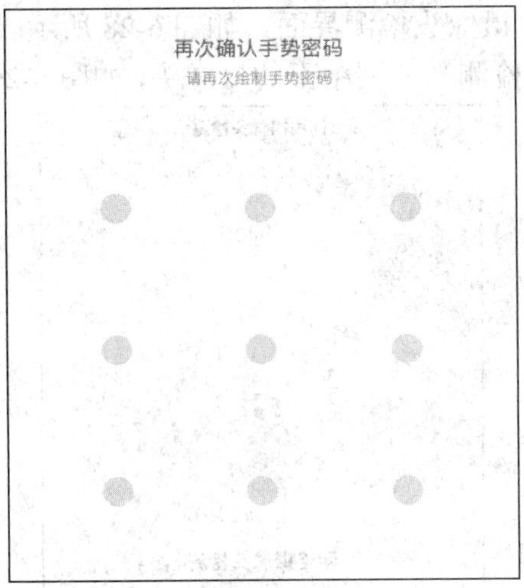

图 6-24　隐私空间手势密码设置

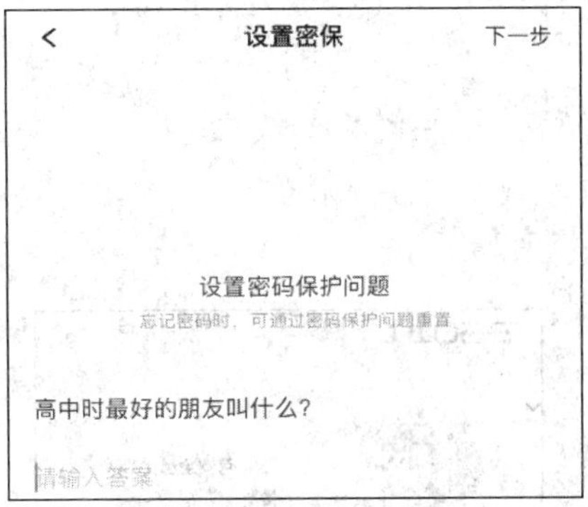

图 6-25　隐私空间密码保护问题设置

(3) 启用指纹或面容 ID 解锁，如图 6-26 所示。

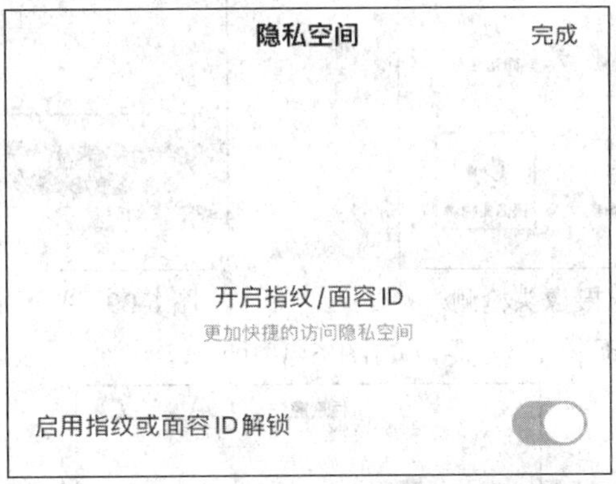

图 6-26　启用指纹或面容 ID 解锁设置

(4) 进入隐私空间后即可点击下方按钮上传隐私文件加密，如图 6-27 所示。

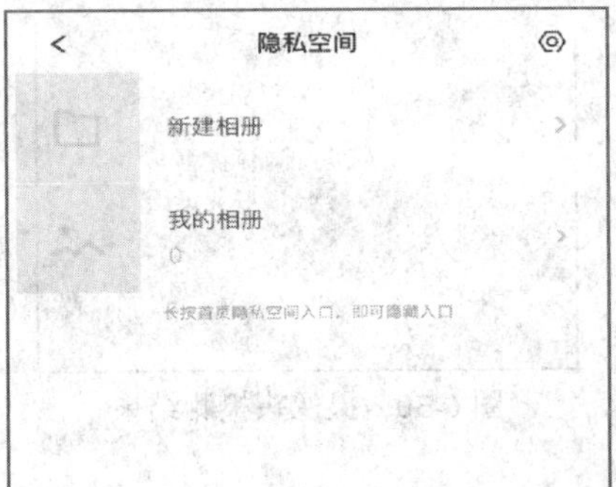

图 6-27　隐私空间文件界面

5. 使用摄像头检测功能

(1) 点击软件首页摄像头检测按钮进入网络摄像头检测界面，如图 6-28 所示。

(2) 连接到无线网络后点击一键检测，开始检测当前网络下的摄像头，如图 6-29 所示。

图 6-28　进入摄像头检测

图 6-29　打开摄像头检测功能

(3) 检查完成后会出现检查结果，如图 6-30 所示。

图 6-30　摄像头检测结果

项 目 小 结

➢ 项目主要介绍了移动电子商务的安全威胁、安全需求、安全技术、法律发展过程及安全和隐私保护法律要点等移动电子商务安全的相关知识。

➢ 移动电子商务是电子商务技术的继承和发展，作为电子商务和移动互联技术的结合，移动电子商务安全技术主要包括加密技术、认证技术、用户鉴权技术、VPN 技术、生物特征识别技术和病毒防护技术。

➢《中华人民共和国电子商务法》正式颁布，开启了电子商务时代的新一轮市场变革，同时也为电商行业的发展带来了新的历史机遇，标志着我国电子商务活动拥有了实质性的法律规范，电子商务的发展也进入了有法可依的阶段。

参 考 文 献

[1] 梁婵卓. 移动电子商务实务[M]. 北京：化学工业出版社，2019.
[2] 王忠元. 移动电子商务[M]. 2 版. 北京：机械工业出版社，2018.
[3] 陈建忠，赵世明. 移动电子商务基础与实务[M]. 北京：人民邮电出版社，2016.
[4] 杨泳波. 移动商务[M]. 北京：电子工业出版社，2018.
[5] 张昶. 移动电子商务[M]. 北京：北京：邮电大学出版社，2016.
[6] 王红蕾，安刚. 移动电子商务[M]. 2 版. 北京：机械工业出版社，2018.
[7] 权金娟. 移动电子商务[M]. 北京：清华大学出版社，2016.
[8] 李小斌，阳娟娟，尹波. 移动电子商务[M]. 北京：中国人民大学出版社，2018.
[9] 李怀恩. 移动电子商务[M]. 上海：华东师范大学出版社，2019.
[10] 徐林海. 移动电子商务[M]. 南京：东南大学出版社，2016.
[11] 葛晓滨，秦绪杰. 移动电子商务教程[M]. 合肥：中国科学技术大学出版社，2019.
[12] 容湘萍，肖学华. 移动电子商务[M]. 重庆：重庆大学出版社，2016.
[13] 黄轩. 移动电子商务安全研究：模糊逻辑与身份识别[M]. 西安：西安电子科技大学出版社，2016.
[14] 许应楠. 移动电商基础与实务[M]. 北京：人民邮电出版社，2018.
[15] 陈月波. 移动电子商务实务[M]. 北京：中国人民大学出版社，2016.
[16] 张冠凤，邱新泉，彭宁. 移动电子商务[M]. 镇江：江苏大学出版社，2017.